Walther Ziegler

Wittgenstein

in 60 Minuten

Dank an Rudolf Aichner und Melanie Tintera für ihre unermüdliche und
kritische Redigierung,
Silke Ruthenberg für die feine Grafik, Angela Schumitz, Lydia Pointvogl, Eva Amberger,
Christiane Hüttner, Dr. Martin Engler für das Lektorat
und Dank an Prof. Guntram Knapp, der mich für die Philosophie begeistert hat.

Was sich überhaupt sagen läßt, läßt sich klar sagen; und wovon man nicht reden kann, darüber muß man schweigen. [1]

Bibliografische Information der Deutschen Nationalbibliothek:
Die Deutsche Nationalbibliothek verzeichnet diese Publikation in der Deutschen
Nationalbibliografie; detaillierte bibliografische Daten sind im Internet über www.dnb.de
abrufbar.

Umschlaggestaltung und Grafik des gesamten Buches: Silke Ruthenberg
unter Verwendung von Illustrationen von:
Raphael Bräsecke, Creactive – Atelier für Werbung, Comic & Illustration (Zeichnungen)
© JackF – Fotolia.com (Bilderrahmen)
© Valerie Potapova – Fotolia.com (Bilderrahmen)
© Svetlana Gryankina – Fotolia.com (Sprechblasen)
Herstellung und Verlag:
BoD – Books on Demand, Norderstedt

ISBN 978-3-7460-8226-4

Inhalt

Wittgensteins große Entdeckung 7

Wittgensteins Kerngedanke 21

Was ist die Welt? Die Welt besteht nur
aus Tatsachen, die wir in Sätzen abbilden 21

Sätze über Tatsachen müssen sinnvoll sein! 29

Wovon man nicht sprechen kann,
darüber muss man schweigen! 35

Wittgenstein, Popper und der Schürhaken 41

Die Welt als Sprachspiel 51

Du bist, was du sprichst:
Worte, Sätze, Lebensformen 65

**Was nutzt uns Wittgensteins
Entdeckung heute?** 75

Mut zur Veränderung: Sprachspiele
und Lebensformen wechseln! 75

Wittgensteins brillante Verknüpfung
von Sprache und Lebensform: Die
Wechselwirkung erkennen! 82

„Ein Reich, ein Volk, ein Führer!" –
Politische Sprachspiele zur Manipulation
von Lebensformen 91

Wittgensteins Erben: Wie Rhetorik-Coaches
mit Sprache und Grammatik Wirklichkeit
verändern   99

Die Welt als Sprachspiel erkennen und
kritisieren: Der tiefe Stachel des
Ludwig Wittgenstein   103

Zitatverzeichnis   **111**

Wittgensteins große Entdeckung

Ludwig Wittgenstein (1889–1951) gilt als der Pionier der Sprachphilosophie und zählt damit zu den wirkungsmächtigsten Denkern des zwanzigsten Jahrhunderts. Er leitete mit dem „Linguisitic Turn" einen epochalen Wandel ein: die Abkehr von der klassischen Philosophie hin zur Sprachphilosophie.

Wurde noch vor Wittgenstein die Frage nach dem Sinn des Lebens spekulativ oder materialistisch beantwortet, etwa als „Entfaltung des Weltgeistes", als „Entwicklung der Menschheitsgeschichte in Klassenkämpfen" oder als „Wille zur Macht", wendet sich Wittgenstein erstmals der Sprache als dem wichtigsten Phänomen unseres Lebens zu. Die Sprache, so sein Kerngedanke, ist entscheidend für unser Verständnis der Welt.

Seine Entdeckung der Sprache als Brennpunkt jeder Erkenntnis stellte die gesamte bisherige Philosophie in Frage. Denn, so Wittgenstein, ganz unabhängig davon, was die einzelnen Philosophen von der Antike bis zum heutigen Tag als Kern der Wirklichkeit erkannt haben, es ist und bleibt eine Tatsache, dass sie ihre jeweiligen Erkenntnisse über die Welt stets nur innerhalb der Grenzen der Sprache gewinnen konnten. Weder ein Philosoph, noch irgendein anderer Mensch ist nach Wittgenstein in der Lage, jenseits von Wörtern und Sätzen auch nur einen einzigen sinnvollen Gedanken zu fassen:

> *Die Grenzen meiner Sprache* bedeuten die Grenzen meiner Welt. [2]

Es gibt letztlich, so Wittgenstein, kein Entkommen aus dem „Käfig der Sprache", so sehr man auch versuchen mag, einen Gedanken wenigstens ein einziges Mal ganz ohne Worte und Sätze zu denken:

> Dieses Anrennen gegen die Wände unseres Käfigs ist völlig und absolut aussichtslos. [3]

Auch der volkstümliche Satz „Die Gedanken sind frei" ist eine Illusion, denn unsere Gedanken können wir immer nur sprachlich ausdrücken. Jenseits der Sprache gibt es nichts:

> Wenn ich in der Sprache denke, so schweben mir nicht neben dem sprachlichen Ausdruck noch „Bedeutungen" vor; sondern die Sprache selbst ist das Vehikel des Denkens. [4]

Die Sprache ist also das „Vehikel" beziehungsweise das „Fahrzeug" unseres Denkens. Und das heißt, alles, wirklich alles, was in unserem Kopf vor sich geht – jeder Gedanke, jede Erkenntnis und jede Idee – vollzieht sich in Wörtern und Sätzen. Wir erlernen die Sprache in frühester Kindheit und ab diesem Zeitpunkt bestimmt sie unsere gesamte Weltwahrnehmung und alles, was wir von der Welt wissen. Deshalb, so Wittgenstein, besteht die erste und wichtigste Aufgabe der Philosophie darin, endlich die Sprache selbst als ihr grundlegendes Erkenntniswerkzeug zu analysieren und zu verstehen. Wir müssen herausfinden, was die Menschheit mit der Sprache logisch erfassen kann und was nicht. Denn nur so ist es möglich, falsche und unsinnige Aussagen über die Welt von sinnvollen zu unterscheiden:

Alle Philosophie ist „Sprachkritik". [5]

Jahrtausendelang hätten die Philosophen nur missverständliche und widersprüchliche Gedankengebäude errichtet, ohne zuvor ihre eigenen logischen Voraussetzungen sauber geklärt zu haben:

Die meisten Fragen und Sätze der Philosophen beruhen darauf, daß wir unsere Sprachlogik nicht verstehen. [6]

Indem wir nun endlich die Sprachlogik analysieren und verstehen, was sich überhaupt sinnvoll sagen lässt und was nicht, bekommen die vielen philosophischen Probleme erst ihren verdienten Stellenwert oder lösen sich auf:

Eine ganze Wolke von Philosophie kondensiert zu einem Tröpfchen Sprachlehre. [7]

Tatsächlich inspirierte Wittgenstein mit seiner Forderung, endlich die Sprache zu erforschen, neue philosophische Richtungen auf der ganzen Welt: Die „Ordinary Language Philosophy" in England, die „Sprechakttheorie" und die „Theorie des kommunikativen Handelns" in Deutschland, die strukturalistische „Semiotik" in Frankreich, die neopositivistische Philosophie des Wiener Kreises in Österreich und die „sprachliche Relativitätstheorie" in Amerika.

Aber auch in unserem Alltag blieb Wittgensteins Entdeckung der großen Bedeutung der Sprache nicht ohne Folgen. Hatte man die Sprache jahrhundertelang nur als unmittelbares Werkzeug der Verständigung angesehen, wird sie heutzutage gezielt zur Beeinflussung von privaten und öffentlichen Diskursen sowie zur Manipulation ganzer Lebensformen eingesetzt. Ein Heer von Rhetorik-Lehrern, Marketingstrategen und Politik-Beratern versucht tagtäglich unsere Wirklichkeit durch den gezielten Einsatz von Wörtern und Sätzen zu beeinflussen. Seien es Werbekampagnen, Propagandafeldzüge, Sprachtherapien, Selbstmotivationen oder auch gemeinsame Gebete – Sprache wird seit Wittgenstein erstmals als das erkannt, was sie wirklich ist, als ein Kraftfeld, das unsere gesamte Lebenswirklichkeit widerspiegelt und beeinflusst:

[...] das Sprechen der Sprache [ist] ein Teil [...] einer Tätigkeit, oder einer Lebensform. [8]

Wittgenstein selbst wollte die Sprache immer nur analysieren und auf keinen Fall instrumentalisieren.

Er warnte sogar davor. Und doch öffnete er mit seiner Entdeckung des Zusammenhangs von Sprache und Lebensform die Büchse der Pandora. Nachdem nämlich die Bedeutung der Sprache für unser Leben erst einmal erkannt war, wurde mehr denn je versucht, mit ihrem gezielten Einsatz zu manipulieren.

Wittgenstein wird heute in einer Reihe mit Kant, Heidegger oder Sartre genannt, obgleich er die Philosophie zunächst scharf kritisierte und eigentlich Ingenieur werden wollte. Man könnte sogar sagen, er war Philosoph wider Willen. Als achtes Kind des führenden österreichischen Stahlmagnaten Karl Wittgenstein interessierte er sich zunächst für Technik und Mathematik. Wie zuvor sein Vater studierte er Ingenieurwissenschaften.

Als er gerade Berechnungen für einen neuen Flugzeugmotor anstellte, erfasste ihn, entgegen seiner Pläne, die Philosophie mit einer solchen Wucht, dass sich seine Schwester Sorgen um seinen Gesundheitszustand machte: „Zu dieser Zeit [...] ergriff ihn plötzlich [...] das Nachdenken über philosophische Probleme, so stark und völlig gegen seinen Willen, dass er schwer unter der doppelten und widerstreitenden inneren Berufung litt [...]. Ludwig befand sich in diesen Tagen fortwährend in einer unbeschreiblichen, fast krankhaften Aufregung [...]." [9]

Der junge Wittgenstein konnte nicht mehr anders, als sich die großen philosophischen Fragen zu stellen: Was ist die Welt? Wie kann ich sie erkennen und wahre Aussagen über sie machen? Er widmete sich nun ganz dem Studium der Logiker Frege, Russel und Moore. Und noch bevor er sein Philosophiestudium abgeschlossen hatte, gab er der Welt im *Tractatus logico-philosophicus* seine Antwort. Die kleine Schrift hatte gerade mal achtzig Seiten, was für ein philosophisches Werk mehr als ungewöhnlich ist. Und doch machte sie Wittgenstein schon zu Lebzeiten berühmt.

Der zeitlose Erfolg des *Tractatus logico-philosophicus* liegt in seiner messerscharfen Struktur. Wie ein Chirurg mit einem Skalpell beantwortete Wittgenstein die Frage „Was ist die Welt?" in sieben, logisch aufeinander folgenden Thesen. Diese hat er wie Bibelverse durchnummeriert und mit Unterpunkten versehen, sodass die sieben streng wissenschaftlichen Thesen des *Tractatus* von der ganzen Anmutung her einen dogmatisch messianischen Charakter bekamen. Ausgehend von seinem Kerngedanken, dass jede Erkenntnis der Welt immer nur in Worten und Sätzen formuliert werden kann, erklärt Wittgenstein Punkt für Punkt, wie die Menschen absolut korrekte und unzweifelhafte Aussagen über die Welt machen können. Künftig, so sein Ergebnis, darf ein Wissenschaftler nur noch solche Sätze formulieren, die logisch sinnvoll und in der Wirklichkeit überprüfbar sind. Alle anderen Sätze muss er als „Unsinn" erkennen und für sich behalten. So lautet die letzte, vielzitierte siebte These des *Tractatus*:

> Wovon man nicht sprechen kann, darüber muß man schweigen. [10]

Dieser Schlusssatz war deshalb so provokativ, weil er im Grunde nur noch naturwissenschaftliche Aussagen über die Welt zuließ und die Philosophie außer Kraft setzte:

> Die richtige Methode der Philosophie wäre eigentlich die: Nichts zu sagen, als was sich sagen läßt, also Sätze der Naturwissenschaft [...]. [11]

So muss die Philosophie gemäß Wittgenstein sogar hinsichtlich ihrer klassischen Aufgabenfelder der Gerechtigkeit und der Ethik schweigen. Denn man kann moralische Sätze wie „Du sollst nicht stehlen!" oder den kategorischen Imperativ „Du sollst so handeln, dass dein Handlungsgrundsatz zum allgemeinen Gesetz erhoben werden kann!" niemals experimentell überprüfen, da sie sich auf die Zukunft richten und sich von vorneherein jeder Überprüfung entziehen:

Darum kann es auch keine Sätze der Ethik geben. [12]

Indem der junge Wittgenstein solchermaßen im *Tractatus* alle Fragen und Theorien für „unsinnig" erklärt, die man wissenschaftlich nicht beantworten und beweisen kann, glaubt er sich selbst und die Welt ein für allemal von den quälenden Problemen der Philosophie befreit zu haben:

Ich bin also der Meinung, die Probleme im Wesentlichen endgültig gelöst zu haben. [13]

Doch dabei bleibt es nicht. Wittgenstein stellt seine strenge Haltung später selbst in Frage. Nachdem er nämlich in Österreich fünf Jahre als Volksschullehrer in der Provinz gearbeitet hatte, machte er eine zweite, noch viel weitreichendere Entdeckung. Die Sprache, so beobachtete er jetzt bei seinen Schülern, dient im alltäglichen Gebrauch keineswegs nur der Beschreibung von Sachverhalten und schon gar nicht der wissenschaftlichen Unterscheidung von richtigen oder falschen Aussagen. Im alltäglichen Gebrauch wird die Sprache viel umfassender verwendet, nämlich zum Ankündigen eigener Vorsätze, oder auch zum Wünschen, Versprechen, Befehlen, Drohen, Beschimpfen, Loben, Beschwören, Fordern, kurzum zum Bewirken von Handlungen bei sich selbst und anderen. Diese Beobachtungen führten Wittgenstein zu seiner berühmten Theorie der „Sprachspiele", die nach seinem Tod unter dem Titel *Philosophische Untersuchungen* veröffentlicht wurde:

> Sieh auf das Sprachspiel als das *Primäre*! [14]

In den *Philosophischen Untersuchungen* hat er beispielsweise auch Verstellung, Lüge, Mimik, Zeichen, Gefühlsausbrüche und zahlreiche andere Phänomene sprachlicher Äußerung beschrieben. Seine daraus hervorgehende Sprachspieltheorie erschließt im Vergleich zum *Tractatus* noch einmal eine ganz neue Dimension. Man spricht deshalb auch vom frühen und späten Wittgenstein. In seinem Spätwerk erkennt er nämlich, dass erst die konkreten „Sprachspiele", also die vielen alltäglichen Gespräche unter Kindern, Bauarbeitern, Theologen, Wissenschaftlern oder Fußballspielern den Wörtern einen Sinn geben. Diese Spiele folgen dabei eigenen Regeln und Konventionen. Die philosophischen Analysen der „Sprachspiele" sind deshalb so wichtig, weil sie die Atmosphäre und die zugrundeliegenden Lebensformen der Sprecher ans Tageslicht bringen. Diese bestimmen, so Wittgenstein, unser Lebensgefühl und unsere Lebenswirklichkeit oft mehr als jede wissenschaftliche korrekte Beschreibung der Welt:

Bring den Menschen in die unrichtige Atmosphäre und nichts wird funktionieren, wie es soll [...]. Bring ihn wieder in das richtige Element, und alles wird sich entfalten und gesund erscheinen. [15]

„Worte können Wunder wirken", sagt man im Volksmund. Umgekehrt kann ein Gespräch aber auch von Anfang an „vergiftet" sein. Wittgenstein ging es allerdings primär darum, Sprachspiele zu analysieren, zu beschreiben und zu verstehen und nicht darum, diese zu verändern oder gar aktiv in diese einzugreifen. Doch hat er allein schon mit der Entdeckung des Zusammenhangs von Sprachspiel und Lebenswirklichkeit die Tür zu einem neuen Verständnis der Wirklichkeit aufgestoßen.

Zwar bleibt Wittgenstein auch in seinem zweiten großen Werk, den *Philosophischen Untersuchungen* seiner These aus dem *Tractatus* treu, wonach wir die Welt nur in den Grenzen unserer Sprache erkennen, doch geht es ihm jetzt nicht mehr um die logisch korrekte Formulierung wissenschaftlicher Sätze, sondern um die Bedeutung der Sprache in unserem täglichen Leben. Denn Wörter und Sätze sind viel mehr als nur ein Beschreibungs- oder Verständigungsmittel. In ihrem jeweiligen Gebrauch entstehen neue Bedeutungen und diese stehen in einer Wechselwirkung mit unserer Lebensform. Jeder Mensch, sei er nun Wissenschaftler, Priester oder Sportler, befindet sich, so Wittgenstein, in einer Vielzahl von Sprachspielen, die sein Denken, seine Weltwahrnehmung und seine Lebensform zutiefst prägen.

Wenn aber die Sprache unser Leben prägt und der „Käfig unseres Denkens" ist, wo bleibt dann die Freiheit? Bestimmen Sprachspiele tatsächlich unseren Alltag und unsere gesamte Lebenswirklichkeit? Und wenn ja, was nutzt uns dann Wittgensteins Entdeckung? Können wir vielleicht mit einem sorgfältigen Gebrauch der Sprache die Wirklichkeit verändern? Wird Sprache auch zur Manipulation eingesetzt?

Wittgensteins Blick auf die Welt war von einer derart leidenschaftlichen Klarheit und Strenge, dass er bis heute nichts von seiner Faszination verloren hat.

Wittgensteins Kerngedanke

Was ist die Welt?
Die Welt besteht nur aus Tatsachen,
die wir in Sätzen abbilden

Schon der allererste Satz des *Tractatus*, also die These Nummer eins, ist von bestechender Einfachheit:

Die Welt ist alles, was der Fall ist. [16]

Einfacher geht es nicht. Die Welt ist zunächst einmal alles, wovon man sagen kann: „Ja, das ist der Fall". So ist es beispielsweise der Fall, dass die Erde rund ist, sich um die eigene Achse dreht und Schwerkraft auf uns ausübt. Es ist ferner der Fall, dass sie von einer Atmosphäre umgeben ist, die ermöglicht, dass wir atmen können. Wäre all das nicht der Fall, hätten wir Atemnot und würden darüber hinaus davonfliegen.

Bis hierher scheint Wittgensteins Antwort auf die klassische Frage „Was ist die Welt?" banal und geradezu selbsterklärend. Sie ist eben schlichtweg alles, was der Fall ist. Doch schon im nächsten Satz vollzieht er eine grundlegende Wende. Die Welt ist nämlich nicht die Summe aller „Dinge", von denen wir gemeinhin glauben, dass sie der Fall sind, sondern, so Wittgenstein, nur die „Gesamtheit der Tatsachen":

Die Welt ist die Gesamtheit der Tatsachen, nicht der Dinge. [17]

Die Welt besteht erkenntnistheoretisch also keineswegs aus sämtlichen „Dingen", die wir seit der Kindheit in unserer Vorstellung angesammelt haben und von denen wir glauben, dass sie der Fall sind, etwa aus Ampeln, Autos, Straßen, Schutzengeln, Bergen, Wäldern, Ozeanen und Meerjungfrauen, sondern streng genommen nur aus der Gesamtheit der echten „Tatsachen", die wir über die Welt wissen und aussagen können. Schutzengel und Meerjungfrauen gehören beispielsweise schon nicht mehr dazu. Doch wie kommen wir zu den echten Tatsachen? Wie entstehen sie in unserem Kopf? Wittgensteins Antwort ist zunächst wieder sehr einfach:

Wir machen uns Bilder der Tatsachen. [18]

Biografen verweisen an dieser Stelle gerne auf ein Erlebnis Wittgensteins im Gerichtssaal. So hat er einmal persönlich mit großem Interesse einer Gerichtsverhandlung beigewohnt. Der Richter ließ mit Puppen und Modellen von Autos den umstrittenen Hergang eines Unfalls rekonstruieren. Damit konnte er die widersprüchlichen Darstellungen ausräumen und sich ein genaues Bild davon machen, was wirklich passiert war. Das hat Wittgenstein sehr beeindruckt und womöglich auch zu seiner Bildtheorie inspiriert. Denn genau wie der Richter machen sich die Menschen, so Wittgenstein, im Alltag ständig irgendwelche Bilder von der Wirklichkeit, um diese in ihrer Unübersichtlichkeit besser verstehen und bewältigen zu können:

> Das Bild ist ein Modell der Wirklichkeit. [19]

> Wie wenn im Pariser Gerichtssaal ein Automobilunglück mit Puppen etc. dargestellt wird. [20]

Wenn ich beispielsweise bei Grün vertrauensvoll über die Straße gehe, habe ich mir bereits ein Bild oder ein Modell von der komplexen Funktionsweise der Ampel und des gesamten Verkehrssystems gemacht. Ich habe das Modell im Kopf, dass die grüne Ampel gleichzeitig den anderen Verkehrsteilnehmern durch ein rotes Signal das Warten gebietet und so in Intervallen den reibungslosen Verkehr ermöglicht. Natürlich, so Wittgenstein, kann man sich dabei auch irren und das Bild beziehungsweise das Modell, das man sich von der Wirklichkeit macht, stimmt gar nicht. Denn:

> Das Bild stimmt mit der Wirklichkeit überein oder nicht; es ist richtig oder unrichtig, wahr oder falsch. [...] Ein a priori wahres Bild gibt es nicht. [21]

Tatsachen sind aber einzig und allein die „wahren" und „richtigen" Bilder von der Wirklichkeit. Was aber unterscheidet Tatsachen dann von Trugbildern? Ist nicht auch der Schutzengel ein Bild, das wir in unserem Kopf haben? An dieser Stelle gibt Wittgenstein eine folgenreiche Antwort:

> Um zu erkennen, ob das Bild wahr oder falsch ist, müssen wir es mit der Wirklichkeit vergleichen. [22]

Dieser Satz ist im Grunde genommen der Startschuss für die gesamte moderne empirische Naturwissenschaft, wonach jedes Bild, jedes Modell von der Wirklichkeit und jede Hypothese mit der Wirklichkeit verglichen und in Experimenten wiederholt nachgewiesen werden muss. Dieser Abgleich ist wichtig. Wir machen uns nämlich sonst womöglich ein Leben lang viele Bilder von der Welt, die keineswegs alle korrekt sind. Im nächsten Schritt sagt Wittgenstein, dass auch Sätze und Worte letztlich nichts anderes sind als zusammengestellte Bilder von der Welt:

Im Satz wird eine Welt probeweise zusammengestellt. [23]

Wittgenstein verweist an dieser Stelle auf die ägyptische Hieroglyphenschrift:

> Um das Wesen des Satzes zu verstehen, denken wir an die Hieroglyphenschrift, welche die Tatsachen die sie beschreibt abbildet. [24]

Auch die chinesische Schrift bildet bis heute in manchen Schriftzeichen Tatsachen in direkter Weise bildhaft ab. Wenn man ein „Dach" malt und das Zeichen „Frau" hinzufügt, so bedeutet diese Kombination „Frieden". Zwei Frauen ohne Dach stehen für „hübsch", drei Frauen ohne Dach bedeuten hingegen „Streit". Seit frühesten Zeiten also machen sich die Menschen mit Hilfe von Wörtern und Sätzen Bilder von der Wirklichkeit:

> Der Satz ist ein Bild der Wirklichkeit. Der Satz ist ein Modell der Wirklichkeit, so wie wir sie uns denken. [25]

Um Tatsachen handelt es sich aber auch bei Sätzen nur dann, wenn die entsprechend formulierten Bilder mit der Wirklichkeit übereinstimmen. Der Satz „Es gibt Schutzengel und Meerjungfrauen" wäre beispielsweise keine Tatsache, denn er würde sich im Abgleich mit der Wirklichkeit als falsch erweisen.

Darüber hinaus müssen die überprüfbaren Aussagen auch noch logisch sinnvoll sein. Wenn ich beispielsweise sage „Entweder regnet es jetzt draußen oder es regnet jetzt nicht", dann kann ich das zwar empirisch überprüfen, indem ich die Hand zum Fenster hinausstrecke und feststelle, dass es gerade regnet oder eben nicht. Der Satz ist aber trotzdem wissenschaftlich unbrauchbar, da er ja in jedem Fall zutrifft und somit beliebig und nichtssagend ist.

Deshalb stellt Wittgenstein im *Tractatus* nun seine zweite große erkenntnistheoretische Forderung auf. Alle Sätze der Wissenschaft über die Welt und somit über die „Tatsachen" müssen eine logische Struktur aufweisen und dürfen auf keinen Fall „unsinnig" sein.

Sätze über Tatsachen müssen sinnvoll sein!

Wittgenstein macht nun etwas Faszinierendes. Im weiteren Fortgang des *Tractatus* erstellt er Szenarien, in denen er alle logisch möglichen und erdenklichen Sätze in Hinblick auf ihre wissenschaftliche Brauchbarkeit untersucht. Es gibt nämlich, so Wittgenstein, auf der ganzen Welt nur sechzehn sogenannte „Wahrheitsoperationen", also nur eine sehr begrenzte Anzahl von möglichen Sätzen, in denen Tatsachen ausgesprochen werden können. Das sind „und"-Sätze, „wenn dann"-Sätze, „oder"-Sätze, „nicht"-Sätze, „weder noch"-Sätze usw. Man kann zum Beispiel sagen: „Ein Baum ist nicht aus Metall" oder: „Wenn der Gegenstand aus purem Metall besteht, dann ist es kein Baum". Wittgenstein untersucht nun deren Geltungsansprüche mit dem Ziel, die „allgemeine logische Form der Wahrheitsfunktion" zu finden, auf die sich all diese Sätze zurückführen lassen. Er kommt zu dem Ergebnis:

Die allgemeine Form des Satzes ist: Es verhält sich so und so. [26]

Damit sagt Wittgenstein, dass im Grunde jeder Satz, ganz unabhängig davon, welche der sechzehn möglichen Satzkonstruktionen beziehungsweise Wahrheitsfunktionen wir gerade verwenden, letztlich immer nur der Beschreibung eines Gegenstandes oder Ablaufes dient. Aber nicht alle Sätze, in denen man etwas „so und so" beschreibt, sind wiederum wissenschaftlich brauchbar:

Der Satz sagt nur insoweit etwas aus, als er ein Bild ist. [27]

Wittgenstein analysiert nun, welche Art von Sätzen geeignet sind, um Tatsachen zu beschreiben und welche nicht. Dabei kommt er zu dem Ergebnis, dass es grundsätzlich drei verschiedene Arten von Sätzen gibt: *sinnvolle, sinnlose* und *unsinnige* Sätze. Für die Wissenschaft brauchbar ist natürlich nur der sinnvolle Satz, denn dieser bildet eine Tatsache so ab, dass man sie auch überprüfen kann:

Man kann geradezu sagen [...]: dieser Satz stellt diese und diese Sachlage dar. [28]

Sinnlos sind dagegen alle tautologischen oder kontradiktorischen Sätze. Tautologisch kommt vom zusammengesetzten griechischen Wort „tauto logía", was übersetzt „Logik desselben" oder frei übersetzt „Wiederholung des bereits Gesagten" heißt. Ein tautologischer Satz wäre zum Beispiel: „Schimmel sind weiß" oder „Bei nasser Fahrbahn ist die Fahrbahn nass."

Ebenfalls wissenschaftlich *sinnlos* sind laut Wittgenstein die kontradiktorischen Sätze, abgeleitet vom lateinischen Wort „contradictio", was übersetzt „Widerspruch" heißt. Die „widersprüchlichen" Sätze sind deshalb unbrauchbar, weil sie in einem Satz zwei Aussagen machen, die sich widersprechen bzw. logisch nicht vereinbar sind. Zum Beispiel: „Der Lehrer malt ein viereckiges Dreieck", „Der Sieger des Wettlaufs wurde Zweiter" oder „Ich sehe einen grünen Punk, der rot ist":

Die Aussage, daß ein Punkt des Gesichtsfeldes zu gleicher Zeit zwei verschiedene Farben hat, ist eine Kontradiktion. [29]

Fazit: Die tautologische Satzbildung beschreibt etwas identisch mit dem zu Beschreibenden und ist somit immer wahr, die kontradiktorische Satzbildung beschreibt etwas, das nicht sein kann und ist somit immer falsch:

Keine von beiden kann daher die Wirklichkeit irgendwie bestimmen. [30]

Tautologische und kontradiktorische Sätze sind deshalb *sinnlos*. Interessanterweise weist Wittgenstein darüber hinaus noch eine dritte Gruppe von Sätzen aus, die für die Wissenschaft ebenfalls untauglich sind, die sogenannten *unsinnigen* Sätze. Als *unsinnig* bezeichnet er einen Satz, der weder tautologisch noch widersprüchlich ist, der aber dem Ausgesagten keinerlei fassbaren Sinn und keine Bedeutung gibt:

[...] wenn er keinen Sinn hat, so kann das nur daran liegen, daß wir einigen seiner Bestandteile keine *Bedeutung* gegeben haben. [31]

Unsinnig wäre im Unterschied zu *sinnlos* nach Wittgenstein zum Beispiel die Aussage „Die Ursache alles Lebens auf der Welt ist Gott", da diese Aussage dem „Leben auf der Welt" gar keine wirklich konkrete Ursache oder Bedeutung zuschreibt. Die allem Lebendigen zugewiesene Bedeutung „Gott" ist nämlich keine. Sie ist nicht überprüfbar, da sie, so Wittgenstein, „außerhalb der Welt liegt". Die Wissenschaft darf aber einem Gegenstand nur solche Bedeutungen zuweisen, die innerhalb der Welt liegen und klar ausgesprochen und überprüft werden können:

Alles was überhaupt gedacht werden kann, kann klar gedacht werden. Alles, was sich aussprechen läßt, läßt sich klar aussprechen. [32]

Fazit: Die Welt ist alles, was der Fall ist. Der Fall sind aber nicht alle Bilder, die wir uns von der Welt machen, sondern nur die Tatsachen. Die Tatsachen, die der Fall sind, kann der Wissenschaftler nur in Sätzen formulieren, wobei er nur solche Sätze verwenden darf, die erstens sinnvoll und zweitens überprüfbar sind. Daraus ergibt sich mit zwingender Logik als radikale Konsequenz die berühmte siebte und letzte These des *Tractatus*. Wittgenstein stellt sie unkommentiert an das Ende des Buches:

Wovon man nicht sprechen kann, darüber muß man schweigen. [33]

Wovon man nicht sprechen kann, darüber muss man schweigen!

Dieser Satz war und ist bis heute provokativ. Denn er begrenzt das Wissen über die Welt radikal auf die naturwissenschaftliche Methode und verurteilt damit die gesamte Philosophie zum Schweigen:

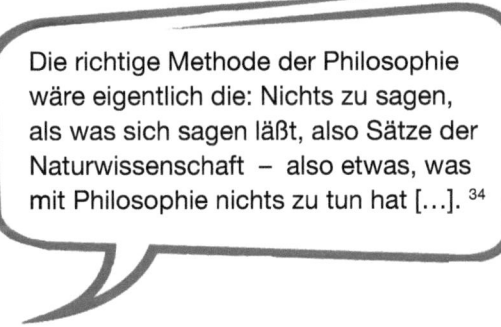

> Die richtige Methode der Philosophie wäre eigentlich die: Nichts zu sagen, als was sich sagen läßt, also Sätze der Naturwissenschaft – also etwas, was mit Philosophie nichts zu tun hat [...]. [34]

Gerade aber die Philosophie macht laut Wittgenstein seit Jahrhunderten den großen Fehler, die Welt mit vielen abstrakten Wörtern und Sätzen zu beschreiben, die zwar weder tautologisch noch kontradiktorisch sind, aber keine innerweltliche Bedeutung haben. Und alle Sätze, die keine innerweltliche Bedeutung haben, gehören nach Wittgenstein eben zu den *unsinnigen* Sätzen:

Die meisten Sätze und Fragen, welche über philosophische Dinge geschrieben worden sind, sind nicht falsch, sondern unsinnig. [35]

Unsinnig sind nach Wittgenstein auch alle Sätze der Philosophie über Ethik und vorbildliches Handeln, da sie sich auf etwas Außerweltliches beziehen und nicht nachprüfbar sind. Platons Idee des Guten, an der wir unser Handeln orientieren sollen, wäre zum Beispiel auch *unsinnig*, da das „Gute" von Platon innerweltlich nicht konkret ausgewiesen wird. Platon sagt immer nur, dass das „Gute" göttlich und mit der Idee des Schönen, Wahren und des Gerechten verwandt ist, aber er kann dem Guten letztlich keine konkrete innerweltliche Bedeutung zuweisen. Genau das aber, so Wittgenstein, müssen wissenschaftliche Sätze leisten:

In der Ethik macht man immer den Versuch, etwas zu sagen, was das Wesen der Sache nicht betrifft und nie betreffen kann. Es ist a priori gewiß: Was immer man für eine Definition zum Guten geben mag – es ist immer nur ein Mißverständnis [...]. [36]

Darum kann es auch keine Sätze der Ethik geben. Sätze können nichts Höheres ausdrücken. Es ist klar, daß sich die Ethik nicht aussprechen läßt. [37]

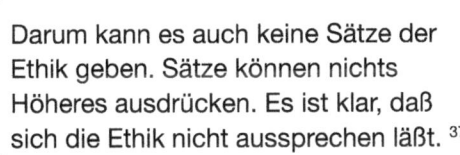

Auch Platons Versuch, den Sinn des Lebens als Prüfung und Höherentwicklung der Seele zu erklären, sowie seine gesamte Theorie der „Unsterblichkeit der Seele" ist nach Wittgenstein *unsinnig*:

> Die [...] Unsterblichkeit der Seele des Menschen, das heißt also ihr ewiges Fortleben auch nach dem Tode, ist [...] auf keine Weise verbürgt [...]. [38]

Wittgensteins Kritik geht aber noch weiter. Denn selbst wenn es die Unsterblichkeit der Seele gäbe, würde sie, so Wittgenstein, keineswegs die Sinnfrage beantworten. Rein logisch gesehen wäre unser Erkenntnisproblem, dass wir nicht wissen, warum wir da sind, auch dann in keiner Weise gelöst, sondern nur auf eine andere Ebene verlagert:

> Ist denn dieses ewige Leben dann nicht ebenso rätselhaft, wie das gegenwärtige? [39]

Ein Logiker würde sich beispielsweise als Unsterblicher im Paradies genau dieselbe quälende Frage stellen wie auf der Erde. Warum gibt es das alles und nicht nichts? Diese Frage kann man aber, so Wittgenstein, final nur aus der Perspektive Gottes, also aus einer Perspektive von außerhalb der Welt beantworten, was aber wieder *unsinnig* ist, da niemand eine solche Perspektive einnehmen kann. Der Mensch bleibt auf die Tatsachen innerhalb der Welt angewiesen. Gott liefert uns aber keine solchen Tatsachen:

Gott offenbart sich nicht *in* der Welt. [40]

Generell muss man über alles schweigen, was nicht sinnvoll ausgesprochen und in der Welt nachgewiesen werden kann:

Soweit die Ethik aus dem Wunsch
hervorgeht, etwas über den
letztlichen Sinn des Lebens,
das absolut Gute, das absolut

Wertvolle zu sagen, kann sie keine
Wissenschaft sein. Durch das,
was sie sagt, wird unser Wissen in
keinem Sinne vermehrt. [41]

Und noch deutlicher:

Ich halte es für sicher wichtig, daß
man all dem Geschwätz über Ethik
[...], ob es Werte gebe, ob sich
das Gute definieren lasse etc. – ein
Ende macht. [42]

Die verschiedenen philosophisch metaphysischen Theorien, darin war sich Wittgenstein ganz sicher, seien letztlich nur sprachliche Missverständnisse, die man künftig durch einen logisch exakten Gebrauch der Sprache vermeiden kann. Und diesen habe er im *Tractatus* ein für alle Mal niedergelegt. So kommentiert der junge Wittgenstein schon im Vorwort seine sieben Thesen mit großem Selbstbewusstsein:

[mir] scheint [...] die *Wahrheit* der hier mitgeteilten Gedanken unantastbar und definitiv. [43]

Wittgenstein, Popper und der Schürhaken

Tatsächlich hielt Wittgenstein seine Erkenntnis, dass man über Ethik nicht sprechen kann und daher schweigen muss, für „unantastbar". Mit welcher Unnachgiebigkeit er diesen Standpunkt vertrat, geht aus dem legendären Kamingespräch mit dem Philosophen Karl Popper hervor. Das Gespräch endete in einem – für Wissenschaftler eher ungewöhnlichen – Eklat.

Popper war aus Neuseeland angereist und sollte auf Einladung des Cambridge University Moral Science Club einen Gastvortrag über ein „Philosophisches Puzzle" halten. Wittgenstein hatte das Thema wohl bewusst so vorgegeben, da er die klassische Philosophie für eine Zusammensetzung von sprachlichen Verirrungen und Widersprüchen hielt. Zudem bezeichnet „Puzzle" im englischen Wortgebrauch eher ein nicht ganz ernst zu nehmendes „Rätsel" oder „Rätselchen".

Popper hielt sich aber nicht daran, sprach eigenmächtig über das Thema „Gibt es philosophische Probleme?" und begann eine ganze Reihe davon auszuführen. Das versetzte Wittgenstein in äußerste Anspannung, da er bekanntermaßen philosophische Probleme für Scheinprobleme hielt. So stocherte er während Poppers Vortrag zunehmend nervös mit dem Schürhaken im Feuer herum. Schließlich unterbrach er den Referenten und erklärte seinen Anhängern und den versammelten Gelehrten mit großem Nachdruck, dass es sich bei den von Popper angeführten philosophischen Problemen lediglich um einen falschen Umgang mit der Sprache, logische Fehler und begriffliche Verhexungen handle. Zur Unterstreichung benützte er den Schürhaken als eine Art Dirigentenstab. Popper ärgerte sich über die Unterbrechung und entgegnete, dass er, „falls es keine echten philosophischen Probleme gibt, [...] kein Philosoph sein möchte [...]."[44] Beispielsweise könne doch niemand allen Ernstes die Existenz von moralischen Problemen bestreiten. So sei die Begründung oder Kritik der Gültigkeit moralischer Regeln eine große philosophische Herausforderung und Aufgabe. Das brachte für Wittgenstein das Fass endgültig zum Überlaufen. Da er moralische Regeln prinzipiell für unbeweisbar hielt, sprang er auf, zeigte mit dem Schürhaken auf Popper und rief:

Popper erwiderte: „Man soll einen Gastredner nicht mit einem Schürhaken bedrohen."[46] Wittgenstein warf den Haken wütend in die Ecke, stürmte aus dem Raum und schlug krachend die Türe hinter sich zu.

Dieses Zusammentreffen, „wie Ludwig Wittgenstein Karl Popper mit dem Feuerhaken drohte", kam deshalb zu einer gewissen Berühmtheit, da neben Wittgenstein und Popper auch Russel und andere namhafte Philosophen daran teilhatten und der Vorfall zudem in einem gleichnamigen philosophischen Roman verewigt wurde.

Die kleine Episode unterstreicht die leidenschaftliche Haltung Wittgensteins in dieser Frage. Es ging ihm von Anfang an um Klarheit und um die Erlösung von den bohrenden Fragen der Philosophie. Allerdings spürte gerade auch der junge Wittgenstein, dass es ganz ohne Ethik nicht geht. Im Grunde genommen richtete sich seine Wut ebenso gegen sich selbst wie gegen Popper.

Natürlich ärgerte es Wittgenstein, wie leicht sich Popper damit tat, ethische Aussagen zu machen, obwohl man sie wissenschaftlich in keiner Weise begründen kann, zugleich aber ärgerte er sich auch über sich selbst, dass er sich diesen Weg versagen musste, um nicht gegen sein eigenes Schweigegebot zu verstoßen. Denn auch er wurde zeitlebens von ethischen und metaphysischen Fragen in Atem gehalten. Und bereits im *Tractatus* räumt er ein, dass es Probleme gibt, die weit über das hinausgehen, was sich wissenschaftlich sagen lässt:

> Wir fühlen, daß, selbst wenn alle *möglichen* wissenschaftlichen Fragen beantwortet sind, unsere Lebensprobleme noch gar nicht berührt sind. [47]

Er vergleicht das verzweifelte Ringen des Menschen um Antworten auf die Fragen des Lebens mit einer Fliege, die im Glas gefangen ist und nicht anders kann, als unermüdlich aufzuflattern, einen Ausweg zu suchen und gegen die Grenzen des Wissbaren und der Sprache anzurennen:

> Dieses Anrennen gegen die Wände unseres Käfigs ist völlig und absolut aussichtslos. [...] Doch es ist ein Zeugnis eines Drangs im menschlichen Bewußtsein, das ich für mein Teil nicht anders als hochachten kann [...]. [48]

Wittgenstein verweist in diesem Zusammenhang auch darauf, dass die Wissenschaft zwar die Zusammensetzung und die Ausdehnung des Universums erklären kann, also Auskunft darüber gibt, wie die Welt beschaffen ist, nicht aber, warum es sie überhaupt gibt. Und hier endet die Wissenschaft und das Mystische beginnt:

> Nicht *wie* die Welt ist, ist das Mystische, sondern *daß* sie ist. [49]

Auch über unser Glück und die Frage nach einem erfüllten Leben gibt es keine logisch überprüfbaren und sinnvollen wissenschaftlichen Aussagen. Wir stoßen, so Wittgenstein, als menschliche Lebewesen leider immer wieder auf Fragen, die wir nicht beantworten können, die sich aber dennoch auftun:

> Es gibt allerdings Unaussprechliches. Dies *zeigt* sich, es ist das Mystische. [50]

Man kann Wittgenstein also auf zweierlei Weise lesen. Zum einen mit Augenmerk auf die unüberschreitbare sprachlogische Grenze der Philosophie, die er mit großer Radikalität eingefordert hat. Zum anderen mit Blick auf das, was er nicht geschrieben, ihn aber zutiefst umgetrieben hat: Die mystische und metaphysische Frage nach dem Sinn des Lebens. Das klingt schizophren und tatsächlich hatte Wittgenstein zeitlebens mit diesen beiden Gegensätzen zu kämpfen. Als strenger Logiker legte er sich und anderen die Bürde auf, über „Höheres" oder „Gott" zu schweigen. Als religiöser Mensch aber beschäftigte er sich leidenschaftlich mit dem Sinn des Daseins in der Welt. Er las Tolstoi, Pascal, Kierkegaard und viele weitere mystisch religiöse Schriften. Als sein Freund und Lehrer, der englische Philosophieprofessor Russel, ihn daran erinnerte, dass er doch Logiker sei, antwortete er:

[...] wie kann ich Logiker sein, wenn ich noch nicht Mensch bin! [51]

Die heutigen Wittgenstein-Forscher sprechen deshalb zu Recht vom „beredten Schweigen des Ludwig Wittgenstein".[52] Das heißt, Wittgensteins so apodiktisch klingende Aufforderung, über Ethik und Metaphysik wissenschaftlich schweigen zu müssen, ist zugleich eine Aufforderung, als einzelner Mensch diesen Weg zu gehen. So schwebte ihm eine Ethik der Tat vor. Der Mensch könne seine moralischen Werte zwar nicht aussprechen, aber sehr wohl in seinen Taten verwirklichen und leben. Allerdings hat sich Wittgenstein niemals explizit zu ethischen Fragen geäußert.

Der *Tractatus logico-philosophicus* stieg schnell zum Standardwerk des Positivismus auf. So feierten der Wiener Kreis, die englischen Logiker und Empiriker den *Tractatus* als Mahnmal und Manifest gegen die logische Verirrung der klassischen Philosophie und als Grundsteinlegung einer neuen positivistischen Wissenschaft, die sich nur mehr auf „positiv" nachweisbare Tatsachen verlässt und jede Spekulation ablehnt.

Doch wenn tatsächlich nur noch Aussagen über Tatsachen erlaubt sind, die logisch korrekt und in der Wirklichkeit überprüfbar sind, dann stellt sich die brisante Frage, ob denn Wittgensteins eigene Aussagen im *Tractatus* diesem Anspruch genügen. Und genau an dieser Stelle knirscht es im Gebälk. Denn der Inhalt des *Tractatus* ist ja selbst auch keine reine Tatsache, sondern lediglich eine theoretische Abhandlung über das, was man erkennen kann und was nicht, also eine hochabstrakte erkenntnistheoretische Überlegung, die man gerade nicht, wie gefordert, in der realen Welt überprüfen oder gar experimentell nachweisen kann.

Nun war Wittgenstein ein so klarer und strenger Geist, dass ihm dieser immanente Widerspruch natürlich selbst aufgefallen ist. In der vorletzten These des *Tractatus* thematisiert er daher das Problem in verblüffend offensiver Weise:

Meine Sätze erläutern dadurch, daß sie der, welcher mich versteht, am Ende als unsinnig erkennt, wenn er durch sie – auf ihnen – über sie hinausgestiegen ist. [53]

Der aufmerksame Leser des *Tractatus* soll also, so Wittgenstein, sobald er die sieben Lehrsätze des Buches verstanden und als richtig erkannt hat, in einem letzten Schritt dahin gelangen, dass er die Forderung nach logischer Korrektheit und Überprüfbarkeit auch auf den *Tractatus* selbst anwendet und somit auch dessen rein logische Unhaltbarkeit und Unsinnigkeit erkennt.

Dennoch ist, so Wittgenstein, der Inhalt damit nicht einfach wertlos. Wenn nämlich der Leser erst einmal erkannt hat, dass wir nur echte Tatsachenaussagen über die Welt machen dürfen, kann er den Weg, der ihn zu dieser Erkenntnis geführt hat, vernachlässigen. Wichtig ist jetzt nur noch, dass er die Welt auf Basis dieser neuen Grundlage sieht:

Er muß sozusagen die Leiter wegwerfen, nachdem er auf ihr hinaufgestiegen ist. Er muß diese Sätze überwinden, dann sieht er die Welt richtig. [54]

Der *Tractatus* ist das einzige philosophische Werk, das Wittgenstein zu Lebzeiten veröffentlichte. Doch in höherem Alter machte er eine zweite philosophische Entdeckung, die ebenso folgenreich war wie sein *Tractatus* und posthum unter dem Buchtitel *Philosophische Untersuchungen* veröffentlicht wurde. Wittgenstein entdeckte jetzt erst die eigentliche und viel umfassendere Dimension der Sprache und entwickelte seine Theorie der „Sprachspiele":

Seit ich nämlich vor 16 Jahren mich wieder mit Philosophie zu beschäftigen anfing, mußte ich schwere Irrtümer in dem erkennen, was ich in jenem ersten Buche niedergelegt hatte. [55]

Die Welt als Sprachspiel

Im Gegensatz zu „jenem ersten Buche", dem *Tractatus*, vertritt Wittgenstein in den *Philosophischen Untersuchungen* nun nicht mehr die These, dass einzig und allein die Naturwissenschaft sprachlogische und wahre Aussagen über die Welt machen kann. Denn die Sprache, so der späte Wittgenstein, ist weitaus mehr, als nur das zentrale Instrument, mit dem man die Welt logisch sinnvoll und wissenschaftlich präzise beschreiben kann. Sie ist im Alltag eine Art „Spiel" zwischen den Sprechern und erzeugt dabei eine eigene Wirklichkeit. Die Welt, so der späte Wittgenstein, besteht aus einer Vielzahl von Sprachspielen, die ebenso real sind wie wissenschaftliche Aussagen:

Führe dir die Mannigfaltigkeit der Sprachspiele an diesen Beispielen, und anderen, vor Augen:

Befehlen, und nach befehlen handeln –
Beschreiben eines Gegenstands [...]
Berichten eines Hergangs [...]
Eine Hypothese aufstellen und prüfen [...]
Eine Geschichte erfinden [...]
Theater spielen [...] Einen Witz machen [...]
Bitten, Danken, Fluchen, Grüßen, Beten. [56]

Sprache beschreibt also nicht nur, sie fordert beispielsweise in Form von Befehlen zum Handeln auf oder ist wie beim Theaterspielen sogar selbst eine Art von inszeniertem Handeln.

Auch seine eigene, noch im *Tractatus* erhobene Forderung, Tatsachen mit entsprechenden Wörtern exakt zu definieren, ist, so Wittgenstein, in vielen Fällen gar nicht einzuhalten, da die Wörter selbst mehrdeutig sind. Der Satz „Dies ist eine Bank" mag zwar logisch korrekt und präzise sein, dennoch ist er problematisch. Es kann sich dabei ebenso um eine Parkbank als auch um ein Finanzinstitut handeln. Wörter bekommen ihre wirkliche Bedeutung nämlich erst durch ihren jeweiligen Gebrauch innerhalb der Sprachspiele. So kann das Wort „Schimmel" je nach Verwendung einen Fäulnis-Pilz auf der Marmelade oder ein weißes Pferd auf einer Wiese bezeichnen.

Auch die Bedeutung des Wortes „Fünf" zeigt sich nach Wittgenstein erst in seiner konkreten Verwendung innerhalb dieses oder jenes Sprachspiels. Wenn beispielsweise ein Mädchen zu seiner Mutter sagt: „Ich habe in Mathe eine Fünf bekommen", bedeutet „Fünf" eine mangelhafte schulische Leistung. Sagt es aber zur Mutter: „Ich komme morgen um fünf nach Hause", meint es damit einen Tageszeitpunkt, und wenn es sagt: „Zu meinem Geburtstag kommen mit meinen Freundinnen Corinna, Tina, Astrid und den Försterzwillingen insgesamt fünf", bezeichnet es die Gesamtheit ihrer Gäste. Das Mädchen kann ferner mit dem Wort „fünf" die Breite ihres Handys in Zentimetern beschreiben, einen bestimmten Sitzplatz im Kino oder den Preis eines Eisbechers. Deshalb kommt Wittgenstein zu dem Ergebnis:

Die Bedeutung eines Wortes ist sein Gebrauch in der Sprache. [57]

Ganz deutlich wird das auch bei dem Wort „Spiel". Dieses Wort gewinnt ausschließlich durch den Zusammenhang seine jeweilige Bedeutung. Es sei ein großer Irrtum, so Wittgenstein, anzunehmen, man könnte das Wort „Spiel" irgendwie definieren und ihm eine spezifische Verwendung zuschreiben. Manche naiven Geister behaupten zwar, „Spiel" ließe sich als unterhaltsamer Wettbewerb mit Siegern und Verlierern definieren, die nach bestimmten Regeln ihre

Geschicklichkeit erproben. Doch wenn man genauer hinsieht, so Wittgenstein, ist das Unsinn:

> Betrachte z.B. einmal die Vorgänge, die wir „Spiele" nennen. Ich meine Brettspiele, Kartenspiele, Ballspiel, Kampfspiele, usw. Was ist allen diesen gemeinsam? [...] Sind sie alle „*unterhaltend*"?

> [...] Oder gibt es überall ein Gewinnen und Verlieren, oder eine Konkurrenz der Spielenden? Denk an die Patiencen. In den Ballspielen gibt es Gewinnen und Verlieren; aber wenn ein Kind den Ball an die Wand wirft und wieder auffängt, ist dieser Zug verschwunden. Schau, welche Rolle Glück und Geschick spielen. [58]

So geht es beispielsweise beim Schachspiel um logisches Denken, beim Tennis um körperliches Geschick und beim Roulette um pures Glück. Patiencen spielt man alleine, Fußball in Gruppen. Das Wort „Spiel" lässt sich somit nicht durch einen übergreifenden Geschicklichkeits-, Glücks- oder Wettbewerbsfaktor definieren, denn es verändert seine Parameter wie ein Chamäleon, das seine Farbe der Umgebung anpasst. Das einzige, was man sagen kann, ist, dass beispielsweise Brettspiele – auch wenn einige nur mit Würfelglück funktionieren, während andere wie Mühle, Halma oder Schach, mit Strategie verbunden sind – dennoch gewisse Ähnlichkeiten aufweisen. Ebenso beispielsweise auch alle Ballspiele oder alle Kartenspiele. Und auch untereinander weisen die verschiedenen Gruppen von Spielen wieder gewisse Überschneidungen auf:

> Wir sehen ein kompliziertes Netz von Ähnlichkeiten, die einander übergreifen und kreuzen. […] Ich kann diese Ähnlichkeiten nicht besser charakterisieren als durch das Wort „Familienähnlichkeiten";

> denn so übergreifen und kreuzen sich die verschiedenen Ähnlichkeiten, die zwischen den Gliedern einer Familie bestehen:

> Wuchs, Gesichtszüge, Augenfarbe, Gang, Temperament, etc., etc. – Und ich werde sagen: die „Spiele" bilden eine Familie. [59]

Es gibt nach Wittgenstein also am Ende nur vage „Familienähnlichkeiten" zwischen den mannigfaltigen Bedeutungen des Wortes „Spiel". Entscheidend ist und bleibt die konkrete Verwendung. Dasselbe gilt für fast alle Begriffe unserer Sprache.

Nach seinen vielen Jahren als Lehrer stellte Wittgenstein also fest, dass der reale Gebrauch der Sprache gar nicht zu den von ihm im *Tractatus* erhobenen Forderungen nach wissenschaftlicher Präzision passte. Die Sprache ist letztlich viel zu lebendig und ungenau, als dass sie den Regeln der Logik exakt entsprechen könnte. Statt über ideale Formulierungen nachzudenken, muss man, laut Wittgenstein, die Alltagssprache so nehmen wie sie ist. Man muss die tatsächliche Verwendung der Worte anschauen. Dann erkennt man, dass die wahren Bedeutungen der Wörter immer nur in einem schillernden und lebendigen Zusammenhang entstehen: dem sogenannten „Sprachspiel".

Wittgenstein erläutert nun, was er unter Sprachspiel genau versteht. Erstens meint er damit das „primitive" Sprachspiel. Die ersten Sprachspiele praktizieren wir nämlich bereits in unserer Kindheit, wenn wir Wörter wie „Mama" oder „Papa" erlernen, holprig gebrauchen und damit Reaktionen auslösen:

Sprachspiele sind die Sprachformen,
mit denen ein Kind anfängt,
Gebrauch von Wörtern zu machen. [60]

Zweitens bezeichnet Wittgenstein aber auch jede andere komplexere Kommunikation zwischen zwei oder mehr Menschen als „Sprachspiel", wenn die Spieler bestimmten gemeinsamen Regeln folgen. Diese gemeinsamen Regeln sind notwendig, da ohne sie kein Sprachspiel möglich wäre. Wittgenstein vergleicht dies mit einem Schachspiel. Wenn zwei Schachspieler sich nämlich nicht an dieselben Regeln halten und ein jeder seine Bauern, Läufer, Pferde, Türme etc. nach eigenen Vorgaben auf dem Feld bewegt, dann funktioniert das Spiel ebenso wenig, wie das Sprachspiel zwischen einem Chinesen und einem Spanier, die jeweils nur in ihrer Landessprache reden. Dem einen wird alles „spanisch", dem anderen alles „chinesisch" vorkommen. Doch was sind genau die Regeln eines Sprachspiels? Was müssen die Spieler dazu an Voraussetzungen teilen? Ist es die Grammatik oder das Wissen um die Bedeutungen beziehungsweise die Familienähnlichkeiten der verwendeten Wörter? Wittgenstein erklärt uns das Wesen des Sprachspiels zunächst am Beispiel der „einfachen Sprache" der Bauarbeiter:

So eine einfache Sprache wäre die: Ihre Funktion ist die Verständigung eines Meisters A mit seinem Gehilfen B. A errichtet einen Bau, B reicht ihm die Bausteine zu. Es gibt Würfel, Platten, Balken, Säulen. A ruft eines der Wörter „Würfel", „Platte" etc. aus, B bringt ihm darauf den Stein. [61]

Das Sprachspiel der Bauarbeiter besteht somit zunächst aus der gemeinsamen Kenntnis der Bedeutung und Anwendung der Wörter Würfel, Platte, Balken und Säule. Aber bei genauerem Hinsehen auch noch aus der Verwendung von gemeinsam beherrschten mathematischen Regelsystemen, wenn beispielsweise A von B eine bestimmte Anzahl Steine wünscht:

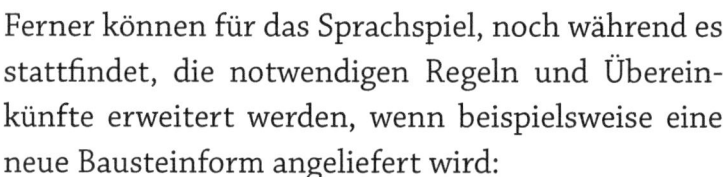

Auf den Ruf „Fünf Platten!" geht er dorthin, wo die Platten aufgestapelt sind, sagt die Zahlwörter von „eins" bis „fünf", nimmt bei jedem Wort eine Platte auf und bringt sie dem A. [62]

Ferner können für das Sprachspiel, noch während es stattfindet, die notwendigen Regeln und Übereinkünfte erweitert werden, wenn beispielsweise eine neue Bausteinform angeliefert wird:

B zeigt dann auf eine solche Form und fragt: „Wie heißt das?" A antwortet: „Das heißt…" Beim Bauen ruft A das neue Wort („Prisma" zum Beispiel), und B bringt den Stein. [63]

Das Sprachspiel der Bauarbeiter ist also gekennzeichnet durch eine Vielzahl von geteilten Fachbegriffen wie Prisma, Traverse, Sturz oder Teleskopträger, sowie geteilter mathematischer Zahlensysteme und der Fähigkeit, zusätzliche Begriffe in das Sprachspiel aufzunehmen.

Ähnlich der Bauarbeitersprache sind auch die verschiedenen Sprachspiele von Atomphysikern, Fußballspielern oder Mönchen höchst unterschiedlich und von eigener Qualität. Auch kann ein und derselbe Mensch, der morgens in der IT-Firma mit seinen Kollegen im Fachjargon eine Programmiersprache entwickelt, nachmittags im Boxclub als Coach seinen Schützling mit Kampfsportwörtern anfeuern und abends sein einjähriges Kind mit Tiergeräuschen zum Lachen bringen. Er nimmt dann in kürzester Zeit an drei verschiedenen Sprachspielen teil. Sprachspiele können bei Wittgenstein auch durch Milieus, Kompetenzlevels oder spezielle Handlungsorientierungen der Sprecher gekennzeichnet sein. So ist schon die Handlungsorientierung des IT-Spezialisten, der eine universelle Programmiersprache entwickelt, eine andere als die des Trainers, der seinen Boxer zum Sieg treibt, und wieder eine andere als die des Vaters, der sein Kind zum Lachen bringt.

Drittens betrachtet Wittgenstein aber auch die Sprache als Ganzes, also beispielsweise die französische, deutsche oder englische Sprache, jeweils als ein „Sprachspiel":

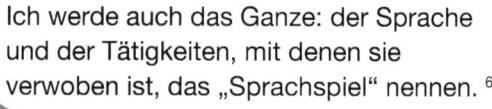

Ich werde auch das Ganze: der Sprache und der Tätigkeiten, mit denen sie verwoben ist, das „Sprachspiel" nennen. [64]

Wittgenstein suchte nun nach den verbindenden und allen Sprachspielen zu Grunde liegenden gemeinsamen Wesenszügen. Er erforschte u.a. die Grammatik, musste aber feststellen, dass es keine universelle Grundgrammatik gibt. Er entdeckte, dass nicht nur der bloße Satzbau mit Subjekt, Prädikat und Objekt variiert, sondern auch das Vokabular und die abstrakten Sammelbegriffe. Im Amazonasgebiet Brasiliens gibt es Ureinwohner, die beispielsweise keine Begriffe für Farben und Zahlwörter haben und auch keine Nebensätze kennen. Und selbst innerhalb einer grammatikalischen Sprachgemeinschaft, wie innerhalb der französischen Sprache, gibt es sehr unterschiedliche Verwendungen einzelner grammatikalischer Elemente. Im französischen Parlament wird beispielsweise ganz anders gesprochen und diskutiert als in der französischen Fremdenlegion, deren Sprachspiel einer rein militärischen Logik mit lauten Befehlen folgt:

Man kann sich leicht eine Sprache vorstellen, die nur aus Befehlen und Meldungen in der Schlacht besteht. [65]

Wittgenstein kam daher zu dem Ergebnis, dass die verschiedenen Sprachspiele zwar spezifischen Über-einkünften und Regelsystemen folgen, dass man aber kein einheitliches Wesen für alle Sprachspiele ausweisen kann:

Hier stoßen wir auf die große Frage, die hinter allen diesen Betrachtungen steht. – Denn man könnte mir einwenden: „Du machst Dir's leicht! Du redest von allen möglichen

Sprachspielen, hast aber nirgends gesagt, was denn das Wesentliche des Sprachspiels, und also der Sprache ist [...]." Und das ist wahr. – Statt etwas anzugeben, was allem, was wir Sprache

nennen, gemeinsam ist, sage ich, es ist diesen Erscheinungen garnicht Eines gemeinsam [...]. [66]

Statt das Wesen von Sprachspielen einheitlich zu benennen, verweist Wittgenstein auch bei den Sprachspielen nur auf bestehende „Familienähnlichkeiten" und „Verwandtschaften". Beispielsweise weist das militärische Sprachspiel mit Wörtern wie Offizier, Rekrut, Befehl, Strategie, Feldzug und Manöver durchaus eine gewisse „Verwandtschaft" mit dem Sprachspiel in der Wirtschaft auf. Auch da gibt es Chief Executive Officers, Chief Financial Officers, Recruiting Officers, Orders, Expansions-Strategien, Kampagnen- und Manöverkritik. Solche Anleihen aus dem militärischen Sprachspiel treiben in Firmen bisweilen skurrile Blüten, wenn beispielsweise eine Nachbesprechung zum Versand von Weihnachtsgeschenken an Premium-Kunden unter dem Begriff „Manöverkritik Weihnachten" auf dem Dienstplan steht.

Unsere wichtigste Aufgabe ist es nun, anhand einer Vielzahl von Beispielen der Bedeutung von Wörtern in den verschiedenen Sprachspielen auf den Grund zu gehen. Deshalb empfiehlt uns Wittgenstein:

Beschreibe Sprachspiele! [67]

Wittgensteins Entdeckung, dass wir uns ein Leben lang innerhalb verschiedener Sprachspiele bewegen, klingt zunächst einfach. Wir erlernen die Sprache in der Kindheit und bleiben von da an hinsichtlich der Bedeutungen, die wir den Begriffen und der Welt um uns herum geben, in sie eingebunden. Die eigentlich große Sprengkraft bekommt Wittgensteins Entdeckung aber erst durch seine These, dass diese Sprachspiele in entscheidender Weise mit unserer Lebenswirklichkeit verknüpft sind. Sie sind, wenn man so will, keineswegs so „spielerisch", wie man durch die Betitelung vielleicht meinen könnte, sondern ein wesentlicher Bestandteil unserer Lebenswirklichkeit.

Du bist, was du sprichst: Worte, Sätze, Lebensformen

Sprachspiele finden niemals in einem Vakuum statt. Wittgenstein hat dutzende, wenn nicht hunderte Sprachspiele intensiv analysiert und festgestellt, dass die Wörter, die Sätze und die Bedeutungen, die wir ihnen geben, in unmittelbarer Verbindung zu unserer Lebensform stehen:

[...] das Sprechen der Sprache [ist] ein Teil [...] einer Tätigkeit, oder einer Lebensform. [68]

Das bedeutet, Sprachspiele sind Ausdruck und manifeste Widerspiegelung unserer familiären, beruflichen und gesellschaftlichen Wirklichkeit. Von Kindesbeinen an sind wir daran gewöhnt, bestimmte Ausdrucksweisen zu verwenden. Und diese Sprachgewohnheiten verfestigen sich, prägen und bestimmen unsere Wahrnehmung der Welt. Ein sehr einfaches Beispiel hierfür ist das Wort „Brücke", das die Deutschen von Kindheit an mit dem weiblichen Artikel „die" verwenden. Sprachwissenschaftlich repräsentative Untersuchungen haben gezeigt, dass Deutsche signifikant dazu neigen, Brücken auch eher weibliche Attribute zuzuschreiben, wie „schmal" oder „elegant", während Spanier das Wort „Brücke", das in ihrem Sprachspiel grammatisch männlich ist, eher mit Attributen wie „kräftig", „geradlinig" und „stark" assoziieren.

Erheblich spannender wird dieser Zusammenhang zwischen Sprache und Weltwahrnehmung, wenn man politische Ansichten, Überzeugungen und das Rechtsempfinden betrachtet. Sprachspiele sind nämlich keine festen Systeme, sondern

etwas [...], was in wiederholten Spielhandlungen in der Zeit besteht. [69]

Sprachspiele entstehen und etablieren sich also in den verschiedenen Epochen in wiederholten Spielhandlungen einer Handlungsgemeinschaft, also eines Volkes oder einer Kultur. Als gesellschaftliche Handlungsmuster sind Sprachspiele allgemeingültige Übereinkünfte wie beispielsweise die Bräuche und Gesetze eines Rechtssystems. So konnte im Mittelalter ein adeliger Gutsherr gegenüber einem lehensabhängigen Bauern, der gerade heiratet, mit dem Ausruf „Jus primae Noctis!", das „Recht der ersten Nacht" geltend machen und die Braut aus dem niedrigen Stand für eine Nacht zum Beischlaf in sein Schloss mitnehmen. Heutzutage ist dieser Brauch aus dem Sprachspiel verschwunden und unrechtmäßig. Lehensherren gibt es nicht mehr und auch ein Bankdirektor oder Fabrikant könnte von keinem Angestellten mehr dessen Braut gemäß dem „Jus primae Noctis" für eine Nacht einfordern. Der Begriff „Jus primae Noctis" ist vergessen. Ändert sich aber der Gebrauch des Vokabulars und die Rolle, die ein bestimmtes Wortgefüge spielt, so verliert es seine Wirklichkeit stiftende Kraft. Ist etwa der Begriff für ein bestimmtes Recht vergessen,

so verliert er seine Bedeutung für uns; d.h., wir können ein bestimmtes Sprachspiel nicht mehr mit ihm spielen. [70]

Ein Sprachspiel muss dauernd angewendet werden und in der Gesellschaft verankert sein, um weiter gespielt werden zu können. In der Geschichte von Völkern und Kulturen geraten immer wieder Sprachspiele in Vergessenheit und neue kommen hinzu. So haben wir in der Sprache noch einige uralte Wörter, wie zum Beispiel Leibeigener, Haussklave, Zofe, Zögling, Majestätsbeleidigung, Frevel, Blasphemie, die heute eine nur mehr geringe Rolle spielen. Auf der anderen Seite gibt es ganz neue Wörter wie Burnout, Handy und Digitalisierung, die in die Sprache aufgenommen wurden:

Unsere Sprache kann man ansehen als eine alte Stadt: Ein Gewinkel von Gäßchen und Plätzen, alten und neuen Häusern, und Häusern mit

Zubauten aus verschiedenen Zeiten; und dies umgeben von einer Menge neuer Vororte [...]. [71]

In der Veränderung der Sprache zeigt sich die Veränderung unseres Lebens und die Veränderung der Gesellschaft. Wittgenstein behauptet aber nicht, dass jedes neue Sprachspiel nur aus einer veränderten Lebensform hervorgeht. Es kann auch umgekehrt ein neues Sprachspiel eine Veränderung der Wirklichkeit nach sich ziehen. Entscheidend für Veränderungen ist, dass die Menschen der jeweiligen sozialen Gruppe oder Sprachgemeinschaft darin übereinstimmen.

Die jeweiligen Sprachspiele spiegeln den geschichtlich gewordenen Stand einer gesellschaftlichen Lebensform wider. So hat der Philosoph Aristoteles die Sklaverei noch als ganz natürliche Sache befürwortet, da er die Sklaven als Teil der „Taonta", als Haushaltswaren, ansah. Im heutigen Sprachspiel wäre das unmöglich. Die Sprache ist, so Wittgenstein, ein sich ständig entwickelnder Bestandteil unserer Evolution:

Befehlen, fragen, erzählen, plauschen gehören zu unserer Naturgeschichte so, wie gehen, essen, trinken, spielen. [72]

Die Bedeutung der Sprachspiele für unser persönliches Leben beginnt schon mit der Geburt. So werden wir in eine Familie, ein bestimmtes Land und eine bestimmte Kultur hineingeboren:

> Das Kind lernt eine Menge Dinge glauben. D.h. es lernt z.B. nach diesem Glauben handeln. Es bildet sich nach und nach ein System von Geglaubten heraus, und darin steht manches unverrückbar fest, manches ist mehr oder weniger beweglich. [73]

Wir sind also von Kindheit an existenziell in bestimmte Sprachspiele eingebunden. Das erste Sprachspiel ist das, das wir mit den Eltern spielen, dann kommen Geschwister, Gleichaltrige, Schulkameraden, Lehrer, Mentoren, Literatur, Medieninteraktionen und damit nach und nach gesamtgesellschaftliche Sprachspiele hinzu. Diese Sprachspiele verändern sich und damit auch uns:

> Wenn sich die Sprachspiele ändern, ändern sich die Begriffe, und mit den Begriffen die Bedeutung der Wörter. [74]

So wächst lebenslang unser Wortschatz sowie die Bedeutungen, die wir den Wörtern geben. In manchen Fällen ändert sich sogar die gesamte Sprach- und Vorstellungswelt und damit unsere Lebenseinstellung. Und dennoch bleiben wir existenziell in die Sprachspiele der Gesellschaft eingebunden. Wir haben keine Chance, uns außerhalb derselben zu bewegen. Aber, so könnte man fragen, gibt es denn wirklich keine einzige private und spontane Vorstellung, die nicht gleich in irgendein Sprachspiel und dessen Regelbefolgung eingebunden ist? Wittgenstein antwortet mit einem klaren „Nein".

Nicht einmal Gefühle wie der „Schmerz", den ja eigentlich nur ich selbst empfinden kann, sind wirklich als Privatsprache anzusehen. Denn schon die Tatsache, dass ich ein bestimmtes Gefühl als „Schmerz" bezeichne, setzt voraus, dass ich in der Kindheit oder in späteren Sprachspielen gelernt habe, die Bedeutung des Wortes so und nicht anders zu verwenden:

Auch was im Inneren vorgeht, hat nur im Fluß des Lebens Bedeutung. [75]

Auch die Neuerfindung von Phantasiewörtern oder die eigenmächtige privatsprachliche Zuschreibung von Bedeutungen ist letztlich unmöglich. Wenn ich zum Beispiel innerhalb eines öffentlichen Sprachspiels sage, „Blut ist grün", dann können die anderen mir sagen, dass es nicht so ist und dass gemäß allgemeiner Übereinkunft und Regelung die Bezeichnung für die Farbe des Blutes „rot" lautet. Ich selbst aber hätte, wenn ich versuchen würde, das Blut innerhalb meiner individuellen Privatsprache als „grün" zu definieren, keinerlei Prüfinstanz, die mir sagt, ob meine eigene Regel für die Zuschreibung des Wortes „rot" irgendeinen Sinn macht oder nicht:

Und darum kann man nicht der Regel „privatim" folgen [...]. [76]

Niemand kann seine eigene Sonne sein. Wir bleiben also lebenslang im gesellschaftlichen Sprachspiel gefangen. Wenn man Wittgensteins Kerngedanken in einem einzigen Satz sagen wollte, dann müsste man wohl sagen: Die Sprache ist weitaus mehr als nur ein Werkzeug zur Verständigung, denn in den täglichen

Sprachspielen kondensiert alles, was unser Dasein ausmacht: unsere aktuelle Lebensform, unsere bisherige Biografie mit allen vergangenen Sprachspielen aus der Kindheit, unsere Umgebung, unsere Gesellschaft mit ihren Traditionen und letztlich die gesamte geschichtlich evolutive Entwicklung.

Wittgenstein ist mit seinem *Tractatus* angetreten, die Welt von unsinnigen philosophischen Fragen zu befreien und die Philosophie diesbezüglich zum Schweigen zu bringen. Und doch war er von Anfang an Philosoph und stellte die großen Fragen: Was kann ich wissen? Was bestimmt das Sein des Menschen? Was ist das Gute und das Schöne? Seine Antwort ist jedes Mal die gleiche: Es ist die Sprache. Denn einzig und allein im Organon der Sprache kondensiert die gnoseologische, ontologische und ethisch ästhetische Bestimmung des Menschen. Oder einfach ausgedrückt: Im lebendigen Medium der Sprache verdichtet sich erstens unsere begrenzte Möglichkeit, die Welt zu erkennen, zweitens unser gesamtes Wissen um das Sein der Welt und drittens unser ethisches Empfinden für das Gute und Gerechte. Mit einem Wort: Wir sind Sprache:

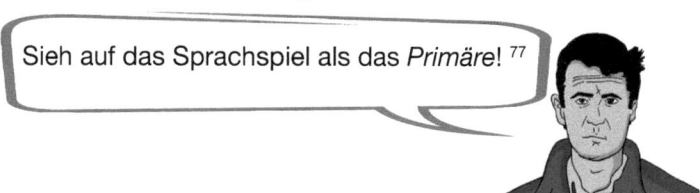

Sieh auf das Sprachspiel als das *Primäre*! [77]

Was nutzt uns Wittgensteins Entdeckung heute?

Mut zur Veränderung: Sprachspiele und Lebensformen wechseln!

Was nutzt uns aber Wittgensteins Entdeckung des Zusammenhangs von Sprachspiel und Lebensform? Können wir beispielsweise unsere Sprachspiele wechseln, wenn wir unglücklich sind? Wittgenstein antwortet mit einem klaren „Ja":

Daß das Leben problematisch ist, heißt, daß Dein Leben nicht in die Form des Lebens paßt. Du mußt dann Dein Leben verändern, und paßt es in die Form, dann verschwindet das Problematische. [78]

Wenn unser Leben also problematisch oder unbefriedigend ist, müssen wir die Form ändern. Mit

„Form des Lebens ändern" meint Wittgenstein die täglichen Sprachspiele und die dazugehörige Lebensweise. Tatsächlich hat er selbst seine Lebensweise und seine Sprachspiele immer wieder radikal verändert. So wechselte er mehrfach seinen Beruf, seine Staatsangehörigkeit und sein ganzes Lebensumfeld. Als Ingenieur hat er Patente angemeldet, als österreichischer Offizier in Italien kommandiert, als Volksschullehrer in der Provinz in Trattenbach Kinder unterrichtet, als Gärtnergehilfe in einem Kloster gearbeitet, als Krankenpfleger in einem Londoner Kriegsverletzten-Hospital geholfen, als Architekt ein Haus in Wien gebaut und am Ende als Professor in Cambridge doziert. Dabei waren seine Ortswechsel nie ganz freiwillig, sondern stets dem Wunsch geschuldet, ein neues Sprachspiel und eine entsprechend neue Lebensform zu erlangen.

So hat er beispielsweise einem Freund anvertraut, dass er verrückt wird, wenn er noch einen Tag länger an der Universität bleibt und sich mit Philosophie beschäftigt. Er zog sich daraufhin nach Norwegen in eine Holzhütte zurück, nahm als Freiwilliger am Ersten Weltkrieg teil und arbeitete anschließend als Lehrer an einer österreichischen Dorfschule. Doch gerade dieser Orts- und Gesellschaftswechsel schenkte ihm nur kurze Zeit Ruhe. Hinzu kam seine charakterliche, vielleicht auch genetische Vorbelastung. Drei seiner vier Brüder, Hans, Kurt und Rudolf, nahmen sich das Leben und auch er selbst hatte immer wieder depressive Phasen, in denen er an Selbstmord dachte:

Ich sitze auf dem Leben, wie der schlechte Reiter auf dem Roß. [79]

Zwar unterrichtete er fünf Jahre mit großem Engagement seine Schüler, doch vom lebendigen Sprachspiel mit den Kollegen und Dorfbewohnern fühlte er sich stets ausgeschlossen. So schreibt er am 23. Oktober 1921 an seinen Freund Russel:

Ich bin noch immer in Trattenbach und bin nach wie vor von Gehässigkeit und Gemeinheit umgeben. Es ist wahr, daß die Menschen im Durchschnitt nirgends sehr viel wert sind; aber hier sind sie viel mehr als anderswo nichtsnutzig und unverantwortlich.

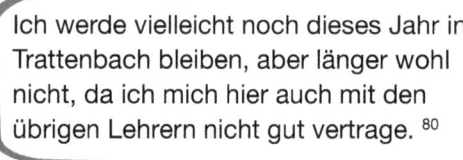

Ich werde vielleicht noch dieses Jahr in Trattenbach bleiben, aber länger wohl nicht, da ich mich hier auch mit den übrigen Lehrern nicht gut vertrage. [80]

Nachdem der als unduldsam bekannte Lehrer Wittgenstein, einem an Schwindsucht erkrankten Schüler, ohne davon zu wissen, eine Ohrfeige gab und dieser vorübergehend das Bewusstsein verlor, wurde eine Untersuchung gegen ihn eingeleitet. Obgleich vollumfänglich rehabilitiert, fielen ihm die Lehrtätigkeit und seine Isolation zunehmend schwer, sodass er schließlich den Dienst quittierte.

Er wechselte von dem 800-Seelendorf Trattenbach in die Millionen-Metropole Wien, arbeitete in einem Architekturbüro und widmete sich mit großer Leidenschaft der Planung und dem Bau eines Hauses für seine Schwester. Zusammen mit seinem Freund Engelmann, schuf er ohne jede Rücksicht auf die damals vorherrschende klassizistische Bauweise und Ornamentik ein völlig neuartiges Gebäude. Wittgenstein verordnete dem Bau einen radikal abstrakten und sachlich konsequenten Stil, den er bis ins letzte Detail von den Fenstern über den Treppenaufgang bis hin

zu den Heizkörpern und Türgriffen ins Werk setzte. Seine Schwester sprach deshalb von „hausgewordener Logik" und auch Wittgenstein selbst bemerkte angesichts der nüchternen Anmutung seines fertiggestellten Gebäudes am Ende etwas nachdenklich:

[...] mein Haus für Gretl ist das Produkt entschiedener Feinhörigkeit, *guter* Manieren [...], aber das *ursprüngliche* Leben, das *wilde* Leben, welches sich austoben möchte – fehlt. Man könnte also auch sagen, es fehlt ihm die *Gesundheit* [...]. [81]

Das wilde Leben, welches sich austoben möchte, fehlte nicht nur dem Haus. Auch Wittgenstein selbst führte ein strenges und selbstbeherrschtes Leben. Seine homosexuelle Neigung konnte er nur vorübergehend auf Reisen, aber niemals öffentlich frei ausleben. Die damals noch sehr restriktive Sexualmoral zwang ihn diesbezüglich zu lebenslanger Verstellung und Geheimhaltung. Vielleicht hat auch dieser Umstand seinen Blick für den Zusammenhang von Sprachspielen und Lebensformen noch einmal geschärft. Sprachliche und gesellschaftliche Übereinkünfte sind, so Wittgenstein, von entscheidender Bedeutung für die Entfaltung oder Nichtentfaltung eines Menschen.

Bring den Menschen in die unrichtige Atmosphäre und nichts wird funktionieren, wie es soll […]. Bring ihn wieder in das richtige Element, und alles wird sich entfalten und gesund erscheinen. [82]

Durch seine Architektentätigkeit in Wien begegnete er dem sogenannten „Wiener Kreis", einer neopositivistischen Gruppe von Philosophen, die seinen *Tractatus* begeistert feierten und ihn zu Gesprächen einluden. Nachdem er solchermaßen wieder mit der Philosophie in Berührung kam, entschloss er sich, an seinen ehemaligen Studienort Cambridge zurückzukehren, wo er als „Fellow" angestellt und schließlich zum Professor berufen wurde.

Wittgensteins Aufforderung, Sprachspiele zu wechseln, wenn man in der Umgebung von Menschen an einem bestimmten Ort unglücklich ist oder spürt, dass man sich nicht mehr entfalten kann, ist von zeitloser Gültigkeit. Allerdings, so Wittgenstein, ist das natürlich nicht immer möglich. Wenn man Pech hat, begegnet man noch in hunderten Kilometern Entfernung genau denselben Vorurteilen und Sprachspielen,

weil die Kleider unserer Sprache alles gleichmachen. [83]

Auch kann man sich die Spiele nicht unbedingt aussuchen. So werden wir beispielsweise alle ungefragt

in das Sprachspiel unseres Elternhauses hineingeboren und bewegen uns in der ersten Phase der So-
zialisation fast ausschließlich in diesem. Auch im
Erwachsenenleben können wir, beispielsweise am
Arbeitsplatz, das Sprachspiel keineswegs frei ge-
stalten oder aussuchen. Aber, so Wittgenstein, wir
sollten zumindest in der Lage sein, unsere Umgebung dann zu wechseln, wenn wir unter ihr leiden.
Tatsächlich wirken neue Aufgaben, neue Freundes-
kreise und neue Impulse oft befreiend. Neben dieser
persönlichen Hilfestellung hat Wittgensteins philosophische Analyse der Sprachspiele aber noch eine
zweite, gesellschaftliche Dimension, die uns bis heute in Atem hält.

Wittgensteins brillante Verknüpfung von Sprache und Lebensform – Die Wechselwirkung erkennen!

Jeder Mensch ist die Summe aller seiner aktuellen
und vergangenen Sprachspiele. Unser Bewusstsein,
unsere moralischen Werte und unsere gesamte Vorstellung von der Welt verdanken wir aktuellen und
seit Jahrhunderten geführten Sprachspielen. Diese
hängen nicht einfach in der Luft, sondern sind un-

trennbar mit der dazugehörigen Lebensform verknüpft.

So gehören die Wörter „Patrizier", „Plebejer" und „Barbaren" in das Sprachspiel des antiken römischen Reiches, die Wörter „Lehensherr", „Leibeigener" und „schollengebundener Bauer" in das Sprachspiel des feudalistischen Mittelalters und die Wörter „Kolonialherr", „Neger", „Rothaut", und „Wilder" in die Zeit des europäischen Kolonialismus beziehungsweise der Eroberung des „Wilden Westens" durch die „weißen" Siedler.

Alle diese Begriffe entsprechen den jeweiligen Übereinkünften und Lebensformen. Sie dienen dabei immer auch der Rechtfertigung des eigenen Handelns. So wurde die Unterwerfung und Versklavung afrikanischer Völker schon sprachlich heruntergespielt und legitimiert, indem diese einfach als „Wilde", „Heiden" oder „Neger" bezeichnet wurden, die man bekehren und zivilisieren müsse:

Was die Menschen als Rechtfertigung gelten lassen, – zeigt, wie sie denken und leben. [84]

Heutzutage sind viele dieser diskriminierenden Begriffe veraltet und teilweise sogar tabuisiert, da wir inzwischen neue Sprachspiele und neue Übereinkünfte haben:

Wenn sich die Sprachspiele ändern, ändern sich die Begriffe, und mit den Begriffen die Bedeutungen der Wörter. [85]

Tatsächlich sind inzwischen viele rassistische Wörter, die in alten Sprachspielen üblich waren, aus dem aktuellen Sprachspiel verbannt worden, um einen Rückfall in das entsprechende Denken und Handeln zu verhindern. Auch die Geschichte der Menschheit ist letztlich nichts anderes als die Geschichte der allmählichen Veränderung von Sprachspielen:

Stellen wir uns die Tatsachen anders vor, als sie sind, so verlieren gewisse Sprachspiele an Wichtigkeit, andere werden wichtig. Und so ändert sich, und zwar allmählich, der Gebrauch des Vokabulars der Sprache. [86]

Der Gebrauch des Vokabulars verändert sich also ständig. Die spannende Frage ist nun, was sich zuerst verändert: die Sprachspiele oder die Wirklichkeit? Wenn es die Sprachspiele sind, dann kann man mit Veränderungen der Worte auch die Wirklichkeit verändern.

Tatsächlich sind beispielsweise in der französischen Aufklärung bereits vor der revolutionären Veränderung und dem Sturz des Königs neue Sprachspiele gespielt worden. Forderungen wie „Gleichheit, Freiheit, Brüderlichkeit!" tauchten auf. Die Wörter „Gewaltenteilung", „Volkssouveränität", „Bürger" und „Freiheit" spielten plötzlich eine enorme Rolle. Neue provokative Sätze wurden in das Sprachspiel aufgenommen, zum Beispiel die Frage: „Wer soll das Volk regieren, wenn nicht das Volk?" Als König Ludwig XVI. von den Revolutionären ins Gefängnis gesperrt wurde und dort die Bücher von Voltaire und Rousseau gefunden hat, soll er gesagt haben: „Diese beiden Männer haben Frankreich zerstört!" Haben die Worte von Voltaire und Rousseau tatsächlich die alte Lebensform ins Wanken gebracht? Geht womöglich jeder epochalen Veränderung eine Veränderung des Sprachspiels voraus?

Fest steht, dass Monarchen und Diktatoren zu allen Zeiten versuchen, das Sprachspiel ihrer Untertanen zu bespitzeln, zu kontrollieren und zu beeinflussen. Die Zensur ist so alt wie das geschriebene Wort selbst. Denn die Herrscher wissen seit jeher, dass eine Veränderung des Sprachspiels gefährlich ist, insofern es eine Veränderung der Lebensform mit sich bringen kann.

Wittgenstein selbst hat sich mit dieser spannenden Frage allerdings nie ausführlich befasst. Ihm ging es weniger um die politisch historische Brisanz der Sprachspiele. Auch weigerte er sich nach Gründen oder gar nach Legitimationen für diese oder jene Sprachspiele zu suchen:

> Unser Fehler ist, dort nach einer Erklärung zu suchen, wo wir die Tatsachen als „Urphänomene" sehen sollten. D.h., wo wir sagen sollten: *dieses Sprachspiel wird gespielt.* [87]

Wittgenstein forderte vor allem die kritische Analyse von Worten und Sätzen, um deren jeweilige Bedeutung glasklar zu erkennen und Missverständnisse auszuschließen. Eine Veränderung des Sprachspiels durch einen gezielten Eingriff in dasselbe schloss er aus. Er betonte mit Nachdruck, dass die Philosophie keine emanzipatorische, sondern nur eine beschreibende Funktion habe:

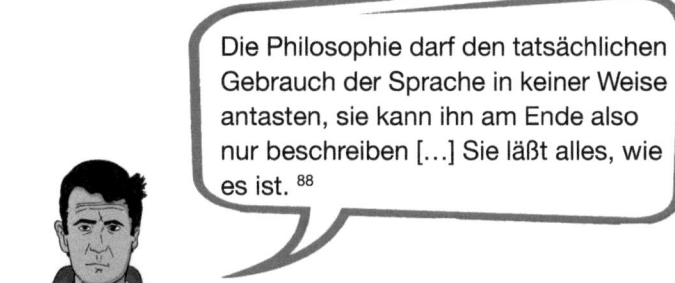

> Die Philosophie darf den tatsächlichen Gebrauch der Sprache in keiner Weise antasten, sie kann ihn am Ende also nur beschreiben [...] Sie läßt alles, wie es ist. [88]

Die beschreibende und völlig unpolitische Rolle, die Wittgenstein der Philosophie zugewiesen hat, provozierte insbesondere die Denker der „Frankfurter Schule", die es sich zur Aufgabe gemacht haben, diktatorische Sprachspiele und Lebensformen zu kritisieren und revolutionär zu verändern. So kritisiert Herbert Marcuse: „Wittgensteins Versicherung, daß die Philosophie ‚alles so läßt, wie es ist' – solche Feststellungen legen nach meinem Dafürhalten einen akademischen Sadomasochismus an den Tag [...]." [89] Gerade die Philosophie, so Marcuse, habe die Pflicht, Sprachspiele aufmerksam zu beobachten, zu kritisieren und zu beeinflussen.

Wittgenstein hingegen war, obgleich er den brisanten Zusammenhang zwischen Sprachspiel und Lebenswirklichkeit erkannt hatte, erstaunlich unpolitisch. Er blieb dabei, dass Philosophen nicht in das Sprachspiel eingreifen sollten. Der sprachkritische Prozess muss gerade umgekehrt ablaufen. Die Philosophie selbst muss sich, so Wittgenstein, daran messen lassen, ob sie die Begriffe und Wörter so verwendet, wie sie im alltäglichen Sprachspiel benutzt werden. Die meisten Missverständnisse kommen nämlich daher, so Wittgenstein, dass die Philosophen den Wörtern eigene Bedeutungen geben und sich aufgrund dieser Eigenmächtigkeit vom alltäglichen Gebrauch der Wörter soweit entfernen, dass am Ende völlige Verwirrung herrscht:

Wenn die Philosophen ein Wort gebrauchen – „Wissen", „Sein", „Gegenstand", „Ich", „Satz", „Name" und das *Wesen* des Dings zu erfassen trachten, muß man sich immer fragen: Wird

denn dieses Wort in der Sprache, in der es seine Heimat hat, je tatsächlich so gebraucht? – *Wir* führen die Wörter von Ihrer metaphysischen, wieder auf ihre alltägliche Verwendung zurück. [90]

Man sollte sich deshalb, so Wittgenstein, einmal die Mühe machen, alle Wörter der großen Philosophen auf den alltäglichen Gebrauch zurückzuführen und daran zu messen. Dann würde man schnell den ganzen Unsinn erkennen, der entsteht, wenn Philosophen die Begriffe umdeuten, um mehr zu sagen, als man mit diesen Worten eigentlich sagen kann.

Denn die philosophischen Probleme entstehen, wenn die Sprache *feiert*. [91]

Durch die feierliche und eigenwillige Verwendung von Wörtern hoffen die Philosophen, so Wittgenstein, aus dem Käfig der Sprache auszubrechen oder die Grenze der Sprache ein wenig überschreiten zu können. Doch genau das ist nach Wittgenstein eine Illusion. In Wirklichkeit holen sie sich damit nur „Beulen":

Die Ergebnisse der Philosophie sind die Entdeckung irgendeines schlichten Unsinns und Beulen, die sich der Verstand beim Anrennen an die Grenze der Sprache geholt hat. [92]

Doch auch wenn Wittgenstein mit der ihm eigenen Strenge und Zurückhaltung nur die Beschreibung der Verwendung von Worten und Sätzen einforderte, hat er doch mit seiner Entdeckung des Zusammenhangs von Sprachspiel und Lebensform die Lunte zu einem Pulverfass angezündet. Denn dieser Zusammenhang ist und bleibt hochexplosiv. Wer ihn einmal erkannt hat, kann nicht umhin, festzustellen, dass Sprache und Herrschaft ebenso zusammenhängen wie Sprache und Emanzipation.

Im Gefolge von Wittgensteins großer Entdeckung der Verknüpfung von Sprache und Lebensform haben beispielsweise die Philosophen Derrida und Habermas den emanzipatorischen Einfluss der Sprache auf die Lebensformen herausgearbeitet. Sprache, so Habermas, enthält als Gattungskompetenz zahlreiche verbindende Elemente, welche in der Zukunft einen zwanglosen Diskurs und eine zwanglose Lebensform ermöglichen könnten. Marcuse, Adorno, Horkheimer und Foucault hingegen haben umgekehrt den repressiven Charakter der Sprache analysiert. Sie verstanden die Sprache sogar als gefährliches Organ der Herrschafts- und Machtausübung. In jedem Fall aber hat uns Wittgenstein erstmals die Türe dafür geöffnet, die enorme Bedeutung der Sprache für unsere Gesellschaft zu erkennen.

„Ein Reich, ein Volk, ein Führer!" – Politische Sprachspiele zur Manipulation von Lebensformen

Sprachspiele sind, so Wittgensteins zentrale These, nichts Festes, also keine geschlossenen Systeme. Sie bleiben in einer Gesellschaft nur solange bestehen, wie sie auch gespielt werden. Dabei festigt die tägliche Wiederholung das jeweilige Spiel:

[...] ein Sprachspiel [ist] etwas [...], was in wiederholten Spielhandlungen in der Zeit besteht [...]. [93]

Diese Erkenntnis, dass Sprachspiele ihre Kraft aus der täglichen Wiederholung beziehen, teilte Wittgenstein mit Hitler. Sowohl Wittgenstein als auch Hitler besuchten die Kaiserlich Königliche Realschule in Linz. Obwohl sie sich auf dem Schulhof vermutlich wenig austauschten – Wittgenstein war eine Klassenstufe höher – haben beide der Sprache große Aufmerksamkeit geschenkt. Im Unterschied zu Wittgenstein wollte Hitler aber den Zusammenhang von Sprache und Lebensform nicht nur analysieren, sondern sich zu Nutze machen. Mit der beständigen Wiederholung weniger, einfacher Wörter und Sätze, wie „Ein Reich, ein Volk, ein Führer!" versuchte er das Sprachspiel der Deutschen zu beeinflussen. Sein Ziel war die Umwandlung der demokratischen Lebensform und ihres Wertekanons in das national-sozialistische Weltbild und den Mythos vom „Herrenvolk ohne Raum". Schon Wittgenstein hat besorgt festgestellt, dass Sätze, mit denen ein Weltbild ausgesprochen wird, nicht unbedingt wahr sein, also den Tatsachen entsprechen müssen:

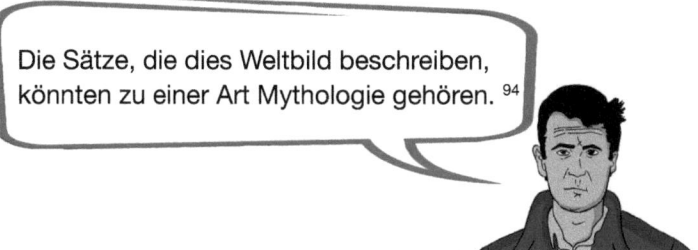

Die Sätze, die dies Weltbild beschreiben, könnten zu einer Art Mythologie gehören. [94]

So wurde mit der propagandistischen Einführung von Wörtern wie „völkisch", „Volk", „Volksgesundheit", „rassisch hochwertig", „arisch", „Lebensraum" und der dazugehörigen Wortgruppe „undeutsch", „Volksfeind", „Schädling", „Parasit" und „Spulwurm" in den Sprachgebrauch das Rechtsempfinden so weit manipuliert, dass am Ende sogar die Euthanasie von Behinderten und die Errichtung von Konzentrationslagern ohne größeren Widerstand umgesetzt werden konnten.

Es ist eher unwahrscheinlich und bleibt Spekulation, dass Hitler mit Wittgenstein intensiven Kontakt hatte. [95] In jedem Fall aber teilte Hitler Wittgensteins Erkenntnis, wonach unser Rechtsempfinden, unsere Gesetze und alles, was eine Gesellschaft für richtig oder falsch, für gut oder schlecht hält, im Wesentlichen das ist, worin eine Mehrheit im aktuellen Sprachspiel und der aktuellen Lebensform übereinstimmt:

"So sagst du also, daß die Übereinstimmung der Menschen entscheide, was richtig und was falsch ist?" – Richtig und falsch ist, was Menschen *sagen*; und in der *Sprache* stimmen die Menschen überein. [96]

Die im Sprachspiel sich zeigende Übereinstimmung der Lebensform ist letztlich das, was als richtig oder falsch gilt. Das, worauf sich die Menschen im Sprachspiel einer ganzen Epoche oder einer bestimmten Zeit einigen, ist tonangebend für das, was sie moralisch für richtig oder falsch halten und wonach sie ihr Handeln ausrichten.

Doch was ist zuerst, die Übereinstimmung im Sprachspiel oder die Übereinstimmung in der Lebensform? Gab es zuerst die nationalsozialistisch gleichgeschaltete Lebensform und später das dazugehörige Sprachspiel oder gab es zuerst das nationalsozialistische Sprachspiel und später die entsprechende Lebensform? Wittgenstein beschreibt den Zusammenhang von Sprache und Wirklichkeit als Wechselwirkung. Die Priorität legt er dabei aber auf

[...] unser *Handeln*, welches am Grunde des Sprachspiels liegt. [97]

Hitler hingegen gibt der Sprache eine initiierende Bedeutung. In seinem Buch *Mein Kampf* definiert er den propagandistischen Einsatz der Sprache: „Je bescheidener [...] ihr wissenschaftlicher Ballast ist, und je mehr sie ausschließlich auf das Fühlen der Masse Rücksicht nimmt, umso durchschlagender der Erfolg [...]. Propaganda [hat sich] auf nur sehr wenige Punkte zu beschränken und diese schlagwortartig so lange zu verwerten, bis auch bestimmt der Letzte [...] das Gewollte sich vorzustellen vermag. [...] Abwechslung darf nie den Inhalt [...] verändern [...]. Jede Reklame [...] trägt den Erfolg in der Dauer und gleichmäßigen Einheitlichkeit ihrer Anwendung." [98]

Das Bedenkliche ist nicht nur, dass Hitler damit Erfolg hatte, sondern dass seine Überlegungen heutzutage in fast allen Lehrbüchern stehen – als die fünf Grundregeln der effizienten Werbung:

1. Penetranz geht vor Varianz
2. In der Kürze liegt die Würze
3. Es muss ein Versprechen gegeben werden
4. Abstraktes muss sinnlich werden
5. Software-Werbung ist wichtiger als Hardware-Werbung.

Die Beeinflussung und Veränderung der Lebensform durch den gezielten Einsatz der Sprache ist inzwischen gängige Praxis. Heutzutage arbeitet dafür ein ganzes Heer von Marketing-Experten, Kampagnen-Managern und Politikberatern. Mit der propagandistisch wiederholten Verwendung der Sätze „Yes we can" oder „America first" setzten beispielsweise die amerikanischen Präsidentschaftskandidaten Obama und Trump auf emotionale, einprägsame, kurze Sätze, die jeweils ein verheißungsvolles Programm beziehungsweise, wie man heute sagt, ein „Software-Versprechen" beinhalten. Da beide Sätze erfolgreich in das Sprachspiel eingepflanzt werden konnten, muss man davon ausgehen, dass künftig keine Wahlkämpfe mehr ohne solch einprägsame Kurz-Botschaften stattfinden werden.

Sprache ist wichtig. Sprache ist mächtig. Ob sie nun der Wirklichkeit als Versprechen vorausgeht oder hinterher Ausdruck gibt, ist, so Wittgenstein, in ähnlicher Weise zu vernachlässigen, wie die bekannte Frage, ob zuerst das Ei oder die Henne da war. In jedem Fall schlägt sich alles, was neu ist, unmittelbar in der Sprache nieder:

Das Neue (Spontane, >Spezifische<) ist immer ein Sprachspiel. [99]

Der von Wittgenstein erkannte Zusammenhang von Sprache und Lebensform hat letztlich zwei Seiten. Zum einen kann man den Fokus auf den emanzipatorischen Charakter der Sprache richten, insofern neue Sprachspiele wie diejenigen der französischen Aufklärung zu neuen und besseren Lebensformen führen, zum anderen kann man aber auch die restriktive und manipulative Wirkung der Sprachspiele ins Visier nehmen. Wittgenstein war generell kein politischer Denker. Er verstand sich als Wissenschaftler und Analytiker. Schon die Frage, ob Sprachspiele im Hinblick auf die Lebensform emanzipatorisch oder diktatorisch wirken, hätte er als unzulässige spekulative Zuweisung einer positiven oder negativen Funktion zurückgewiesen. Die Sprache hat keine einheitliche Grundfunktion:

Man muß sich die Verschiedenheiten der Sprachspiele ins Gedächtnis rufen. [100]

Man sollte, so Wittgenstein, immer das konkrete Sprachspiel anschauen, um zu verstehen, welche Bedeutung es für die jeweilig Sprechenden und die gesamte Gesellschaft hat. Doch genau dieses konkrete und genaue Analysieren der Sprachspiele, die Verwendung oder Nicht-Verwendung von mutigen Ankündigungen, einschüchternden Drohungen, bescheidenen oder harmonisierenden Sätzen gegenüber Mitarbeitern, Kollegen oder Vorgesetzen hat inzwischen einen ganz neuen Berufsstand hervorgebracht: die Rhetorik-Coaches.

Wittgensteins Erben: Wie Rhetorik-Coaches mit Sprache und Grammatik Wirklichkeit verändern

Rhetorik als Redekunst zur besseren Argumentation gibt es schon seit der Antike, aber die heutige Coaching-Branche leistet mehr. Aufbauend auf Wittgensteins Entdeckung, dass Lebensform und Sprachspiel untrennbar zusammenhängen, wollen Rhetoriker ersteres durch eine Verbesserung des letzteren gezielt verändern. Dabei befolgen sie eine einfache Erkenntnis von Wittgenstein:

Wie ein Wort funktioniert, kann man nicht erraten. Man muß seine Anwendung *ansehen* und daraus lernen. [101]

Rhetorik-Lehrer sehen sich in der Tat genau an, wie ein Wort funktioniert und lernen daraus. Beispielsweise funktioniert das Wort „vielleicht" im alltäglichen Gebrauch als Ankündigung, dass etwas eintreten kann, oder aber auch nicht, dass also keinerlei Sicherheit besteht, ob sich etwas tatsächlich ereignet. „Vielleicht" steht für Unsicherheit, Unwägbarkeit und bloße Vermutung. Rhetorik-Lehrer empfehlen daher, das Wort „vielleicht" in beruflichen Sprachspielen bei wichtigen Meetings nicht im Zusammenhang mit eigenen Vorschlägen und Argumenten zu verwenden. Es vermittelt automatisch den Eindruck von großer Unsicherheit.

Aus demselben Grund sollte man bestimmte grammatikalische Formen wie den Konjunktiv oder den Frage-Satz vermeiden, um sich nicht selbst einen Niedrig-Status zu geben. Sprachforscher haben herausgefunden, dass insbesondere Frauen zu ausgleichenden und harmonisierenden Formulierungen neigen, indem sie zu viele dieser Elemente verwenden und dadurch Gefahr laufen, nicht ernst genommen zu werden. Ein rhetorisch ungeschickter Satz wäre zum Beispiel: „Ich würde gerne zu diesem Thema noch ergänzend anmerken, dass es eventuell nicht von Nachteil sein könnte, wenn wir in eine etwas veränderte Richtung denken. Sollten wir nicht vielleicht auch die Option einer Neuverpackung des Produktes in Erwägung ziehen oder zumindest andenken, um dessen Attraktivität für die Kunden zu erhöhen?"

Dem gegenüber würde ein Mann, laut Forschungsstand, den gleichen Sachverhalt nach den Regeln des männlichen Sprachspiels viel direkter und mitunter aggressiver in das Sprachspiel einbringen: „Ich sage euch jetzt mal was: Wir verpacken das Ding neu, dann verkaufen wir es auch!" Der Rhetorik-Lehrer legt in diesem Fall der Frau nahe, etwas mehr das Sprachspiel der Männer zu spielen: Direkte Ansprache der Teilnehmer, kurze statt lange Sätze, zur Sache kommen, keine Nebensätze, kein Drumherum, kein „vielleicht", kein Konjunktiv, keine Frageform, kein „wenn und aber". Der Beitrag der Frau wird dann ganz anders wahrgenommen.

Natürlich macht es keinen Sinn, Frauen in Vorständen oder Entscheidungspositionen prinzipiell das Männersprachspiel zu empfehlen, da dieses ebenfalls von vielen negativen Konventionen geprägt ist. So gibt es auch im habitualisierten Sprachspiel der Männer unproduktive Wörter und grammatikalisch unbrauchbare Formen. Das von Männern sehr gerne und oft verwendete Wort „müssen" schränkt beispielsweise von vornherein Spielräume ein, erzeugt schlechte Stimmung, kündet von Unfreiheit, Knechtschaft und hemmt die kreative Beteiligung der anderen.

Die hier nur fragmentarisch angedeuteten Coaching-Interventionen hinsichtlich männlicher und weiblicher Sprachspiele sollen nur einen exemplarischen Einblick geben, auf welche Weise heutzutage Wittgensteins Entdeckung des Zusammenhangs von Sprache und Wirklichkeit von einer wachsenden Zahl professioneller Rhetorik-Trainer und Charisma-Coaches angewendet wird. Der entsprechende Trend ist unverkennbar. Alle Spitzenpolitiker haben inzwischen professionelle Helfer, die ihnen die Bedeutung und Wirkmächtigkeit der Sprachspiele erklären und sie befähigen, an diesen erfolgreich teilzunehmen.

Ganz unabhängig davon, ob ein Politiker um Wählerstimmen für eine neue Krankenversicherung mit „Yes we can" wirbt, ein Geschäftsführer für die Einführung der flexiblen Arbeitszeit mit „mehr Freiheit für alle!" oder ein Ehemann seine Frau vom Kauf eines riesigen Großbildfernsehers überzeugen will, indem er ihn als „keineswegs dominant", sondern als „zeitgemäß und stattlich" anpreist, alle werden im Sinne von Wittgenstein versuchen, den Gegenstand ihres Interesses argumentativ überzeugend mit Sätzen und Worten in das Sprachspiel einzuführen, denn:

Welche Art von Gegenstand etwas ist, sagt die Grammatik.[102]

Die Welt als Sprachspiel erkennen und kritisieren: Der tiefe Stachel des Ludwig Wittgenstein

Alle Philosophie ist „Sprachkritik". [103]

Wittgenstein fordert uns auf, Sprachkritik zu üben. Damit meint er die kritische Analyse von Worten und Sätzen in ihrer Verwendung vor dem Hintergrund der jeweiligen Lebensform. Der postmoderne französische Philosoph Derrida hat Wittgensteins sprachkritischen Ansatz aufgegriffen und weiterentwickelt. Laut Derrida hat Wittgenstein völlig zu Recht festgestellt, dass Wörter und Sätze ihre Bedeutung erst in Sprachspielen bekommen und untrennbar mit der jeweiligen Lebensform zusammenhängen. Daher stehen Sprachen, sei es Französisch, Chinesisch oder Arabisch, mit verschiedenen Lebensformen, Kulturen, Religionen und Traditionen in enger Beziehung. Wittgenstein habe die jeweilige Sprache als lebendiges Ganzes erkannt, als Sprachspiel, das viele uralte Begriffe pflegt und gleichzeitig neue Wörter einbezieht, vergleichbar dem Wachstum einer Stadt:

Unsere Sprache kann man ansehen als eine alte Stadt: Ein Gewinkel von Gäßchen und Plätzen, alten und neuen Häusern, und Häusern mit Zubauten aus verschiedenen Zeiten; und dies umgeben von einer Menge neuer Vororte [...] [104]

In unserer postmodernen Gesellschaft gibt es nun aber, so Derrida, nicht nur eine „gewachsene Stadt", etwa die deutsche Sprache, die sich aus dem Altgermanischen und dem Mittelhochdeutschen bis hin zum modernen Sprachgebrauch und der dazugehörigen Lebensform entwickelt hat, sondern ein verwirrendes Nebeneinander verschiedenster Sprachspiele und Kulturen.

Haben wir früher von den Anderen nur durch wagemutige Weltreisende wie Marco Polo überhaupt etwas erfahren, prallen die Sprachspiele heutzutage direkt aufeinander. Dies löst Misstrauen und Ängste aus. Derrida vergleicht die moderne Angst beim Aufeinandertreffen der fremdartigen Sprachspiele mit dem biblischen Bild vom „Turmbau zu Babel" und der „Babylonischen Sprachverwirrung". Gemäß den Versen des Alten Testamentes wollten die Menschen einen Turm bis zum Himmel bauen. Das Projekt scheiterte aber fatal am Sprachgewirr der vielen verschiedenen, am Bau beteiligten Gruppen. Doch dieses archetypische Angst-Bild muss, so Derrida, endlich überwunden werden.

Das Zusammentreffen der fremdartig klingenden Sprachspiele in der Postmoderne sollte nicht länger als beängstigend oder gar als „Clash of Civilisations" empfunden werden, sondern als große Chance. Anstatt in Misstrauen zu verfallen, fordert Derrida die Öffnung aller Sprachspiele und den Versuch, ein interkulturelles Sprachspiel zu eröffnen. Damit ist nicht gemeint, dass alle Englisch lernen und sich über die Grenzen ihrer tradierten Sprachen und Religionen hinweg verständigen können, sondern dass darüber hinaus neue Wörter, Sätze und Bedeutungen entstehen, die allen Spielern und Lebensformen gerecht werden. Es müsste im Grunde ein neues, erweitertes Sprachspiel entstehen, was nach Wittgenstein prinzipiell möglich ist:

[…] neue Sprachspiele, wie wir sagen können, entstehen und andre veralten und werden vergessen. [105]

Für das Vergessen und Überwinden des eigenen provinziellen Sprachspiels muss man allerdings, so Derrida, diejenigen Begriffe verflüssigen, die einer Öffnung im Wege stehen. So sollte beispielsweise die Wortkombination „Auserwähltes Volk", obgleich im hebräischen Sprachspiel seit 2000 Jahren verankert, neu interpretiert und auf alle Völker ausgeweitet werden. Denn im erweiterten Sprachspiel der Kulturen, so Derrida, könnte sonst bei Spielern anderer Kulturkreise das Gefühl entstehen, selbst „nicht auserwählt" und somit kein gleichberechtigter Gesprächspartner zu sein.

Viele alte Begriffe waren zu einer bestimmten Zeit in der Antike historisch und mythologisch sinnvoll, stellen aber heute ein unnötiges Hindernis dar. Derrida selbst ist als Franzose jüdischen Glaubens gleichzeitig in zwei Kulturen und somit in zwei Sprachspielen aufgewachsen und hatte daher einen sensiblen Blick für ausschließende und verbindende Grammatik. Hierarchisierende Begriffe sollten unbedingt fallengelassen werden.

Mit seiner Vision, postmoderne Sprachspiele von alten Dogmen zu befreien und sie für den globalen Diskurs zu öffnen, hat Derrida lediglich Wittgensteins Kerngedanken weiterentwickelt. Letzterer hat das gezielte Eingreifen in vorhandene Sprachspiele zwar noch abgelehnt, wohl aber bereits die Wechselwirkung von Sprachspiel und Lebensform erkannt:

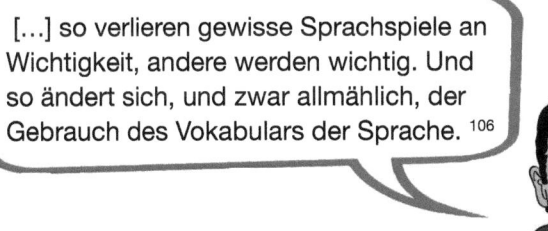

[...] so verlieren gewisse Sprachspiele an Wichtigkeit, andere werden wichtig. Und so ändert sich, und zwar allmählich, der Gebrauch des Vokabulars der Sprache. [106]

Ist das von Derrida geforderte „Weltsprachspiel", an dem alle Kulturen, Religionen und Lebensformen teilnehmen können, in Zukunft realisierbar? Sind wir schon dahin unterwegs?

Wittgenstein wäre so weit sicher nicht gegangen. Mit der ihm eigenen Strenge hätte er schon die Frage nach einem möglichen Weltsprachspiel als unzulässige Spekulation verworfen. Er wollte mit seiner Analyse primär nur den Gebrauch der Wörter, deren Bedeutungen und damit unsere Weltwahrnehmung besser verstehen. Doch gerade sein verzweifeltes Ringen und das Anrennen gegen die Grenzen der Sprache, machten ihn zu einem Pionier unserer Zeit. Unabhängig davon, ob er es wollte oder nicht, hat er mit seiner Sprachkritik die Selbstwahrnehmung des modernen Menschen verändert.

Seit Wittgenstein kann niemand mehr irgendwo auf der Welt einen Satz aussprechen und dabei völlig „unschuldig" bleiben. Den reinen Satz gibt es nicht mehr. Wittgenstein hat einen tiefen Stachel in den naiven Umgang mit der Sprache gesetzt. Seit den *Philosophischen Untersuchungen* wissen wir, dass die Bedeutung jedes Satzes, ganz unabhängig davon, ob er wahr oder falsch ist, untrennbar verbunden ist mit dem ganzen Zierrat, den religiösen, ideellen und materiellen Wesenszügen derjenigen Lebensform, welcher der Sprecher selbst angehört. Ein Wort ist nie nur ein Wort und ein Satz ist nie nur ein Satz.

Wer dies verinnerlicht, entwickelt eine schwebende Aufmerksamkeit für Sprachspiele in seiner Umgebung – in der Familie, im Freundeskreis und der Gesellschaft. Er hört die Formulierungen der täglichen Nachrichtensendungen kritischer als je zuvor und tut sich vielleicht sogar etwas schwerer, den eigenen Worten blind zu vertrauen sowie unbedingte Gültigkeit für sie einzufordern. Denn er weiß, dass sie ihre Bedeutung nur dem räumlich und zeitlich begrenzten Sprachspiel der jeweils eigenen Lebensform verdanken.

Er weiß aber auch, dass die Erweiterung und Offenheit des Sprachspiels für andere Deutungen immer möglich ist. Auch wenn Sprachspiele zwischen Menschen, Völkern und Zivilisationen grammatikalischen Regeln, Konventionen und verkrusteten Übereinkünften folgen, kann doch jederzeit etwas Neues passieren:

> Wenn sich die Sprachspiele ändern, ändern sich die Begriffe, und mit den Begriffen die Bedeutungen der Wörter. [107]

Begriffe wie „Rothaut", „Leibeigener", „Untermensch", „deutsch-französische Erbfeindschaft",

„Ketzer", „Hexe", „Heide" oder „Ungläubiger" werden zunehmend an Bedeutung verlieren und irgendwann aus dem Sprachspiel verschwinden. An ihre Stelle treten vielleicht Begriffe wie „Menschenwürde", „Blauer Planet" und Wörter, die wir jetzt noch gar nicht kennen. Größere Sprachspiele und Lebensformen wachsen heran und gewinnen an Raum. Wittgenstein hat uns eindrucksvoll gezeigt, dass das Sprachspiel trotz vieler Regeln und althergebrachter Übereinkünfte letztlich alles andere, als ein sich wiederholender Austausch von Informationen ist:

Du mußt bedenken, daß das Sprachspiel sozusagen etwas Unvorhersehbares ist. [...] Es steht da – wie unser Leben. [108]

Zitatverzeichnis

1   Zitat, Ludwig Wittgenstein, Tractatus logico-philosophicus,
    in: Werksausgabe in 8 Bänden, Band 1, Tractatus
    logico-philosophicus, Tagebücher 1914 – 1916,
    Philosophische Untersuchungen, Suhrkamp Verlag,
    Frankfurt a.M. 1989, S. 9, im Folgenden zitiert als „Tractatus"

2   Zitat, Tractatus, Nr. 5.6, S. 67

3   Zitat, Ludwig Wittgenstein, Vortrag über Ethik und andere
    kleine Schriften, Suhrkamp Verlag, Frankfurt a.M. 1989, S. 19,
    im Folgenden zitiert als „Vortrag über Ethik"

4   Zitat, Ludwig Wittgenstein, Philosophische Untersuchungen,
    in: Werksausgabe in 8 Bänden, Band 1, Tractatus logico-philosophicus,
    Tagebücher 1914 – 1916, Philosophische Untersuchungen,
    Suhrkamp Verlag, Frankfurt a.M. 1989, Nr. 329, S. 384, im
    Folgenden zitiert als „Philosophische Untersuchungen"

5   Zitat, Tractatus, Nr. 4.0031, S. 26

6   Zitat, Tractatus, Nr. 4.003, S. 26

7   Zitat, Philosophische Untersuchungen, S. 565

8   Zitat, Philosophische Untersuchungen, Nr. 23, S. 250

9   Zitat, Hermine Wittgenstein, Familienerinnerungen, zitiert nach:
    Nicole L. Immler, das Familiengedächtnis der Wittgensteins,
    Zu verführerischen Lesarten von (auto)biografischen Texten,
    Transcript Verlag, Bielefeld 2011, S. 32

10 Zitat, Tractatus, Nr. 7, S. 85

11 Zitat, Tractatus, Nr. 6.53, S. 85

12 Zitat, Tractatus, Nr. 6.42, S. 83

13 Zitat, Tractatus, Vorwort, S. 10

14 Zitat, Philosophische Untersuchungen, Nr. 656, S. 477

15 Zitat, Ludwig Wittgenstein, Vermischte Bemerkungen. Eine Auswahl
    aus dem Nachlaß, hrsg. von Georg Henrik von Wright, in: Werksaus-
    gabe in 8 Bänden, Band 8, Bemerkungen über die Farben, Über Ge-
    wißheit, Zettel, Vermischte Bemerkungen, Suhrkamp Verlag, Frank-
    furt a.M. 1989, S. 509, im Folgenden zitiert als „Vermischte Bemerkungen"

16 Zitat, Tractatus, Nr. 1, S. 11
17 Zitat, Tractatus, Nr. 1.1, S. 11
18 Zitat, Tractatus, Nr. 2.1, S. 14
19 Zitat, Tractatus, Nr. 2.12, S. 15
20 Zitat, Ludwig Wittgenstein, Tagebücher 1914 – 1916, in:
    Werksausgabe in 8 Bänden, Band 1, Tractatus logico-philosophicus,
    Tagebücher 1914 – 1916, Philosophische Untersuchungen,
    Suhrkamp Verlag, Frankfurt a.M. 1989, S. 94 f., im Folgenden
    zitiert als „Tagebücher"
21 Zitat, Tractatus, Nr. 2.21 und 2.225, S. 16 f.
22 Zitat, Tractatus, Nr. 2.223, S. 17
23 Zitat, Tagebücher, S. 94
24 Zitat, Tractatus, Nr. 4.016, S. 27
25 Zitat, Tractatus, Nr. 4.01, S. 26
26 Zitat, Tractatus, Nr. 4.5, S. 45
27 Zitat, Tractatus, Nr. 4.03, S. 29
28 Zitat, Tractatus, Nr. 4.031, S. 29
29 Zitat, Tractatus, Nr. 6.3751, S. 82
30 Zitat, Tractatus, Nr. 4.463, S. 44
31 Zitat, Tractatus, Nr. 5.4733, S. 57
32 Zitat, Tractatus, Nr. 4.116, S. 33
33 Zitat, Tractatus, Nr. 7, S. 85
34 Zitat, Tractatus, Nr. 6.53, S. 85
35 Zitat, Tractatus, Nr. 4.003, S. 26
36 Zitat, Ludwig Wittgenstein, Ludwig Wittgenstein und der
    Wiener Kreis, hrsg. von Brian McGuinness, Gespräche,
    aufgezeichnet von Friedrich Waismann, in: Werksausgabe in
    8 Bänden, Band 3, Ludwig Wittgenstein und der Wiener Kreis,
    Suhrkamp Verlag, Frankfurt a.M. 1989, S. 69, im Folgenden zitiert
    als „Gespräche"
37 Zitat, Tractatus, Nr. 6.42 u. 6.421, S. 83
38 Zitat, Tractatus, Nr. 6.4312, S. 84
39 Zitat, Tractatus, Nr. 6.4312, S. 84
40 Zitat, Tractatus, Nr. 6.432, S. 84
41 Zitat, Vortrag über Ethik, S. 19
42 Zitat, Gespräche, S. 68 f.
43 Zitat, Tractatus, Vorwort, S. 10

44 Zitat, Karl Popper, Ausgangspunkte, Meine intellektuelle
   Entwicklung, übers. von Friedrich Griese, Piper Verlag,
   München 2004, S. 176, im Folgenden zitiert als „Ausgangspunkte"

45 Zitat, Ludwig Wittgenstein, zitiert nach Popper,
   Ausgangspunkte, S. 177

46 Zitat, Karl Popper, Ausgangspunkte, S. 177

47 Zitat, Tractatus, Nr. 6.52, S. 85

48 Zitat, Vortrag über Ethik, S. 19

49 Zitat, Tractatus, Nr. 6.44, S. 84

50 Zitat, Tractatus, Nr. 6.522, S.85

51 Zitat, Ludwig Wittgenstein, Brief von Wittgenstein an Russel,
   Weihnachten 1913, in: Briefwechsel mit B. Russel, G. E. Moore,
   J. M. Keynes, F. P. Ramsey, W. Eccles, P. Engelmann und L. von Ficker,
   hrsg. von Brian McGuinness & Georg Henrik von Wright, Suhrkamp
   Verlag, Frankfurt a. M. 1980, S. 47, im Folgenden zitiert als „Briefe"

52 Vgl. Axel Hutter, Die Verwandtschaft von Philosophie und Religion.
   Erinnerung an ein verdrängtes Sachproblem, in: Philosophie und
   Religion, hrsg. von Jens Halfwassen, Markus Gabriel, Stephan
   Zimmermann, Universitätsverlag Winter, Heidelberg 2011, S.16:
   „Das am Ende geforderte Schweigen" gibt sich „als eine Form des
   beredten Schweigens zu erkennen".

53 Zitat, Tractatus, Nr. 6.54, S. 85

54 Zitat, ebenda

55 Zitat, Philosophische Untersuchungen, Vorwort, S. 232

56 Zitat, Philosophische Untersuchungen, Nr. 23, S. 250

57 Zitat, Philosophische Untersuchungen, Nr. 43, S. 262

58 Zitat, Philosophische Untersuchungen, Nr. 66, S. 277

59 Zitat, Philosophische Untersuchungen, Nr. 66 u. Nr. 67, S. 278

60 Zitat, Ludwig Wittgenstein, Das blaue Buch, in: Werksausgabe
   in 8 Bänden, Band 5, Das blaue Buch, Eine Philosophische
   Betrachtung (Das Braune Buch), Suhrkamp Verlag, Frankfurt a. M.
   1989, S. 37, im Folgenden zitiert als „Das blaue Buch"

61 Zitat, Ludwig Wittgenstein, Eine Philosophische Betrachtung
   (Das braune Buch) in: Werksausgabe in 8 Bänden, Band 5,
   Das blaue Buch, Eine Philosophische Betrachtung (Das Braune Buch),
   Suhrkamp Verlag, Frankfurt a. M. 1989, S. 117., im Folgenden
   zitiert als „Das braune Buch"

62 Zitat, Das braune Buch, S. 119

63 Zitat, ebenda, S. 122

64 Zitat, Philosophische Untersuchungen, Nr. 7, S. 241

65 Zitat, Philosophische Untersuchungen, Nr. 19, S. 245

66 Zitat, Philosophische Untersuchungen, Nr. 65, S. 276 f.

67 Zitat, Philosophische Untersuchungen, Nr. 486, S. 429

68 Zitat, Philosophische Untersuchungen, Nr. 23, S. 250

69 Zitat, Ludwig Wittgenstein, Über Gewißheit, in: Werksausgabe in 8 Bänden, Band 8, Bemerkungen über die Farben, Über Gewißheit, Zettel, Vermischte Bemerkungen, Suhrkamp Verlag, Frankfurt a.M. 1989, Nr. 519, S. 224, im Folgenden zitiert als „Über Gewißheit"

70 Zitat, Philosophische Untersuchungen, Nr. 57, S. 272

71 Zitat, Philosophische Untersuchungen, Nr. 18, S. 245

72 Zitat, Philosophische Untersuchungen, Nr. 25, S. 251

73 Zitat, Über Gewißheit, Nr. 144, S. 149 f.

74 Zitat, Über Gewißheit, Nr. 65, S. 132

75 Zitat, Ludwig Wittgenstein, Bemerkungen über die Philosophie der Psychologie, in: Werke in 8 Bänden, Band 7, Bemerkungen über die Philosophie der Psychologie, Letzte Schriften über die Philosophie der Psychologie, Suhrkamp Verlag, Frankfurt a. M. 1989, Nr. 913, Anmerkung 1, S. 468

76 Zitat, Philosophische Untersuchungen, Nr. 202, S. 345

77 Zitat, Philosophische Untersuchungen, Nr. 656, S. 477

78 Zitat, Vermischte Bemerkungen, S. 487

79 Zitat, Vermischte Bemerkungen, S. 500

80 Zitat, Ludwig Wittgenstein, Brief von Wittgenstein an Russel vom 23.10.1921, in: Briefe, S. 122

81 Zitat, Vermischte Bemerkungen, S. 503

82 Zitat, Vermischte Bemerkungen, S. 509

83 Zitat, Philosophische Untersuchungen, S. 570

84 Zitat, Philosophische Untersuchungen, Nr. 325, S. 383

85 Zitat, Über Gewißheit, Nr. 65, S. 132

86 Zitat, Über Gewißheit, Nr. 63, S. 132

87 Zitat, Philosophische Untersuchungen, Nr. 654, S. 476

88 Zitat, Philosophische Untersuchungen, Nr. 124, S. 302

89 Zitat, Herbert Marcuse, Der eindimensionale Mensch, Studien zur Ideologie der fortgeschrittenen Industriegesellschaft, Zu Klampen Verlag, Springe am Deister 2014, S. 187

90 Zitat, Philosophische Untersuchungen, Nr. 116, S. 300

91 Zitat, Philosophische Untersuchungen, Nr. 38, S. 260

92 Zitat, Philosophische Untersuchungen, Nr. 119, S. 301

93 Zitat, Über Gewissheit, Nr. 519, S 224

94 Zitat, Über Gewißheit, Nr. 95, S. 139

95 Kimberley Cornish unterstellt in seinem Buch „ Der Jude aus Linz. Hitler und Wittgenstein" aus dem Jahre 2002 eine persönliche und folgenreiche Beziehung zwischen Wittgenstein und seinem sechs Tage älteren Schulkameraden Hitler, hat dafür aber letztlich keine wissenschaftlich tragfähigen Beweise vorgelegt.

96 Zitat, Philosophische Untersuchungen, Nr. 241, S. 356

97 Zitat, Über Gewißheit, Nr. 204, S. 161

98 Zitat, Adolf Hitler, Mein Kampf. Der Fahrplan eines Welteroberers. Geschichte, Auszüge, Kommentare von Werner Maser, Bechtle Verlag, Esslingen 1974, S. 304 f.

99 Zitat, Philosophische Untersuchungen, S. 570

100 Zitat, Philosophische Untersuchungen, Nr. 290, S. 372

101 Zitat, Philosophische Untersuchungen, Nr. 340, S. 387

102 Zitat, Philosophische Untersuchungen, Nr. 373, S. 398

103 Zitat, Tractatus, Nr. 4.0031, S. 26

104 Zitat, Philosophische Untersuchungen, Nr. 18, S. 245

105 Zitat, Philosophische Untersuchungen, Nr. 23, S. 250

106 Zitat, Über Gewißheit, Nr. 63, S. 132

107 Zitat, Über Gewißheit, Nr. 65, S. 132

108 Zitat, Über Gewißheit, Nr. 559, S. 232

In dieser Reihe erschienen:

Walther Ziegler
Adorno in 60 Minuten
1. Auflage: Oktober 2017
96 Seiten, Paperback, € 9,99
ISBN 9783-7-4486-463-3

Walther Ziegler
Arendt in 60 Minuten
1. Auflage: August 2018
120 Seiten, Paperback, € 9,99
ISBN 9783-7-5288-843-0

Walther Ziegler
Camus in 60 Minuten
1. Auflage: April 2015
84 Seiten, Paperback, € 9,99
ISBN 978-3-7347-8170-4

Walther Ziegler
Foucault in 60 Minuten
1. Auflage: November 2019
136 Seiten, Paperback, € 9,99
ISBN 978-3-7504-1262-0

Walther Ziegler
Freud in 60 Minuten
1. Auflage: April 2015
96 Seiten, Paperback, € 9,99
ISBN 978-3-7347-8024-0

Walther Ziegler
Habermas in 60 Minuten
1. Auflage: März 2017
128 Seiten, Paperback, € 9,99
ISBN 978-3-7431-8732-0

Walther Ziegler
Hegel in 60 Minuten
1. Auflage: April 2015
128 Seiten, Paperback, € 9,99
ISBN 978-3-7347-8128-5

Walther Ziegler
Heidegger in 60 Minuten
1. Auflage: April 2015
108 Seiten, Paperback, € 9,99
ISBN 978-3-7347-8169-8

Walther Ziegler
Hobbes in 60 Minuten
1. Auflage: Januar 2019
84 Seiten, Paperback, € 9,99
ISBN 978-3-7481-0127-7

Walther Ziegler
Kant in 60 Minuten
1. Auflage: April 2015
144 Seiten, Paperback, € 9,99
ISBN 978-3-7347-8172-8

Walther Ziegler
Konfuzius in 60 Minuten
1. Auflage: Januar 2020
108 Seiten, Paperback, € 9,99

Walther Ziegler
Marx in 60 Minuten
1. Auflage: April 2015
112 Seiten, Paperback, € 9,99
ISBN 978-3-7347-8154-4

Walther Ziegler
Nietzsche in 60 Minuten
1. Auflage: Oktober 2017
152 Seiten, Paperback, € 9,99
ISBN 978-3-7448-6482-4

Walther Ziegler
Rawls in 60 Minuten
1. Auflage: Januar 2019
104 Seiten, Paperback, € 9,99
ISBN 978-3-7528-4912-7

Walther Ziegler
Rousseau in 60 Minuten
1. Auflage: April 2015
112 Seiten, Paperback, € 9,99
ISBN 978-3-7347-2555-5

Walther Ziegler
Sartre in 60 Minuten
1. Auflage: April 2015
116 Seiten, Paperback, € 9,99
ISBN 978-3-7347-8156-8

Walther Ziegler
Schopenhauer in 60 Minuten
1. Auflage: Januar 2018
139 Seiten, Paperback, € 9,99
ISBN 978-3-7448-6463-3

Walther Ziegler
Smith in 60 Minuten
1. Auflage: April 2015
100 Seiten, Paperback, € 9,99
ISBN 978-3-7347-8157-5

Walther Ziegler
Platon in 60 Minuten
1. Auflage: April 2015
112 Seiten, Paperback, € 9,99
ISBN 978-3-7347-8158-2

Walther Ziegler
Popper in 60 Minuten
1. Auflage: November 2019
121 Seiten, Paperback, € 9,99
ISBN 978-3-7504-1241-5

Walther Ziegler
Wittgenstein in 60 Minuten
1. Auflage: April 2018
116 Seiten, Paperback, € 9,99
ISBN 978-3-7460-8226-4

Große Denker in 60 Minuten

Sämtliche Bücher der Reihe sind auch gebunden als Hardcover im gleichen Verlag erschienen.

Grand penseurs en 60 minutes
Große Denker in 60 Minuten
Great Thinkers in 60 Minutes

Die Buchreihe erscheint in verschiedenen Verlagen weltweit in deutscher, englischer, französischer, vietnamesischer und chinesischer Sprache.

Der Autor:

Dr. Walther Ziegler ist promovierter Philosoph und Hochschullehrer. Als Auslandskorrespondent, Reporter und Nachrichtenchef des Fernsehsenders ProSieben produziert er in den 90er Jahren Filme auf allen Kontinenten. Seine Reportagen wurden mehrfach preisgekrönt. Von 2007 bis 2016 leitet er die Hochschule für Film- und Fernsehstudiengänge auf dem Gelände der Bavaria Film und bildet junge Journalisten aus. Er ist Autor zahlreicher philosophischer Bücher. Als langjährigem Journalisten gelingt es ihm, das komplexe Wissen der großen Philosophen spannend und verständlich auf den Punkt zu bringen.